千手観音と二十八部衆の謎

田中公明

春秋社

国宝　本尊十一面千手千眼観世音菩薩像（葛井寺所蔵、東京国立博物館開催「仁和寺と御室派のみほとけ展」より）

十一面千手観音　ラダック・アルチ寺三層堂二階西壁（藤田弘基氏撮影）

千手観音と二十八部衆の謎　目次

導入編 7

千手観音編 31

大悲呪編 …… 107

二十八部衆編 …… 131

千手観音と二十八部衆の謎

導入編

第1章　千手観音はゴールドチケットで

二〇一七年の二月から、東京国立博物館の客員研究員として、館蔵のチベット・ネパール仏教美術の整理に協力している。客員研究員は、研究員とはいってても名ばかりで、ほとんどボランティアのようなポストであるが、（公益財団法人）中村元東方研究所に所属する私たちは、近年、監督官庁から、自らの研究の公益性を証明することを求められている。数多い国公立博物館の頂点に位する東博の客員を委嘱されたこと自体、世間のお役に立っている証拠であるから、喜んでお引き受けすることにした。

それに加えて客員研究員には、展覧会が開催される度に、図録や招待券が送られてくるという役得がある。二〇一八年一月から開催された「仁和寺と御室派のみほとけ」展でも、チケットが送られてきたので上野にでかけたが、入口のところで「このチケットでは入場できません」といわれて驚いた。

調べてみると、博物館から送られてきたチケットにはゴールドチケットとシルバーチケットがあり、シルバーチケットでは、会期の前半しか入場できないことが分かった。展覧会の一般的傾向として、会期終了前の数週間は混み合うため、入場制限しなくてはいけなくなることが多い。しかし会期を前半と後半に分け、前半しか入場できないチケットを配布したという話は、前代未聞である。

私には、思い当たるフシがあった。それは本展のハイライト＝葛井寺《ふじいでら》の千手観音坐像（カラー口絵）は、会期の後半しか展示されないということである。葛井寺像は、天平時代を代表する千手観音の優品として国宝に指定されている。しかも西国三十三箇所霊場の秘仏本尊として、参拝しても通常は拝観することができない。

なお西国霊場の本尊といっても、災害や寺院の退転により当初の像が失われ、復興像に入れ替わっているところが多いが、この千手観音は、当初の本尊が、現在もなお、良好な保存状態で祀られているという点で稀有な存在といえる。月一度の開帳も、遠くからガラス越しのご対面となるため、「仁和寺と御室派のみほとけ」展は、この稀代の霊像を、東京に居ながらにして間近、しかも側面・背面からも拝める貴重な機会となることは疑いなかった。

そのようなこともあって、同展の会期後半は、葛井寺像の周囲に黒山の人だかりができ、大変な盛況となった。「千手観音はゴールドチケットで」と書いたのは、このことである。

いっぽう私が驚いたのは、同展に展示された仁和寺《にんなじ》観音堂の千手観音二十八部衆像の周りに

写真1：千手観音菩薩像・二十八部衆像（仁和寺所蔵、東京国立博物館開催「仁和寺と御室派のみほとけ展」より）

も大勢の観覧者が集まり、評判になったことである。仁和寺観音堂は、平安時代に創建された仁和寺の中心堂宇の一つであるが、現在の建物は江戸時代初期の再建で、千手観音二十八部衆像も再建時の復興像である。そのため、本書二十八部衆編で取り上げる京都蓮華王院三十三間堂の千手観音二十八部衆像などに比べると、注目されることは少なかった。

それにもかかわらず、本展では、観音堂の内陣を壁画を含めて復元し、須弥壇《しゅみだん》上に千手観音二十八部衆像を安置したため、まさに観音堂自体が東京に移築されたかのような展示となった。またこの一郭だけ写真撮影が許されたため、多数のギャラリーが須弥壇の周囲に群がり、我先にシャッターを切っていた（写真1）。

当時私は、三十三間堂を管理する妙《みょう》法《ほう》院《いん》門跡《もんぜき》から、同年八月の二十八部衆展示替えに備えて、二十八部衆のキャプションの校閲を委嘱されていたので、とくに重点的に見学する予定であったが、あまりに混み合っていたため、一々の像をじっくりと観察することができなかった。また二十八部衆についても、もう少し詳細な解説があればよかったと思った。

千手観音と二十八部衆は、あらゆる衆生の様々な願いを叶える観音の救済力の大きさと多様性を、可視的に表現したものとして、仏像発展の頂点をなすものといえる。「仁和寺と御室派のみほとけ」展で立証されたように、数多い仏教図像の中でも、千手観音と二十八部衆の人気が、とりわけ高いのは、まさにそのためであろう。

しかし次章以下で詳しく述べるように、千手観音と二十八部衆の起源は、多くの謎に包まれている。千手観音の研究は、十一面・不空羂索《ふくうけんさく》・馬頭《ばとう》・如意輪《にょいりん》・准提《じゅんてい》など、他の変化観音に比して遅れている。二十八部衆については、さらに解明が遅れているといっても過言ではない。

これまで謎に包まれていた千手観音と二十八部衆の起源と形成過程を、新たに発見あるいは同定された新資料に基づいて、解明するのが本書のねらいである。

それは千手観音と二十八部衆の源流を、仏教の故国インドにまで遡って考察する、大いなる知的冒険の旅となるであろう。

第2章　観音・観世音と観自在どちらが正しい？

大乗仏教を代表する菩薩、観音は、経典により異なった名で訳されてきた。『観音経』の名で親しまれる『法華経』「普門品《ふもんぼん》」では「観世音《かんぜおん》」と呼ばれるが、竺法護《じくほうご》の古訳『正法華経』では、光世音《こうせおん》と訳されている。いっぽう玄奘《げんじょう》訳の『般若心経』では「観自在《かんじざい》菩薩」と綴られ、訳語が一定していない。

現在ネパールに遺されるサンスクリット原典からは、観音の尊名として「観察に自在なる者」を意味するアヴァローキテーシュヴァラ（Avalokiteśvara）のみが見いだされる。ところが観音という尊名から想定される原語は、アヴァローキタ・スヴァラ（観察された音）である。いっぽう竺法護訳の光世音の原語は、アーバ・ローカ・スヴァラ（*Ābha-loka-svara　光と世と音）ではないかと考える研究者がいる。これについて辛嶋静志氏は、最初期の大乗仏典が記されていたガンダーラ語ではvaとbhaの区別がなく、西北インドで用いられていたカローシュティー文字では母音の長短の区別がないため、竺法護が**Avalokitasvara**を

Ābhalokitasvara と誤解したものと考えている。

「普門品」には「この観世音菩薩を聞きて、一心に名を称《とな》えば、観世音菩薩は即時《ただち》に其の音《おん》声《じょう》を観じて、みな解脱することを得せしめん」と、観音・観世音（音を観察する、あるいは世の音を観察する）という奇妙な尊名の由来を説明しているが、サンスクリット原典やチベット訳には、この一節が欠けており、訳者の鳩摩羅什《くまらじゅう》（三四四〜四一三）が、説明のため挿入した可能性が指摘されている。

これに対して玄奘三蔵（六〇二〜六六四）は、「唐に観自在と言う。分文散音すれば、即ち阿《あ》縛盧枳多《ばろきた》は訳して観と曰《い》い、伊濕伐羅《いしゅばら》は訳して自在と曰う。旧に訳して光世音と為し、或いは観世音、或いは観世自在というは皆訛《け》なり」（『大唐西域記』巻三）と述べ、従来の訳語はみな誤りであると断じ、新たに「観自在」という訳語を採用した。

玄奘のように、アヴァローキタ・スヴァラ（観音）をアヴァローキテーシュヴァラ（観自在）の転訛した語形と考えるのは、無理な想定ではない。仏教の中心地であった東インド（ネパールを含む）では中世以後、サ（sa）とシャ（śa）の音韻的区別が失われ、同じように発音されるようになった。そのため時代が下がるにつれ、東インドではサ（sa）字とシャ（śa）字が混同されるようになる。したがって東インドのナーランダーで正則サンスクリット語の仏教を学んだ玄奘が、このように考えるのは無理からぬことである。

しかし仏教の原典は、はじめからサンスクリット語で書かれていたわけではない。大乗仏教が興起したのは、多民族国家クシャン帝国（一～三世紀）の時代であり、その中心は東インドから遠く離れた西北インドのガンダーラにあった。大乗仏典の原語は正則サンスクリット語ではなく、ガンダーラ語などの俗語が徐々にサンスクリット化して、いわゆる仏教混成梵語(Buddhist hybrid Sanskrit) で綴られた現行テキストが成立したと考えられている。

そして近年、中央アジアから出土した古写本から、観音を「アヴァローキタ・スヴァラ」と記したものが、十例ほど発見された。また「普門品」偈に見える「妙音観世音　梵音海潮音　勝彼世間音　是故須常念」の一節では、「音」に対応する梵文がネパール系・中央アジア系写本ともに認められることから、観音の尊名が「音」（スヴァラ）で終わっていた一時期を想定しなければ、意味不明になってしまう。

そこで私は、観音の尊名をめぐる問題を解決するため、観音を「光世音」と訳した竺法護の訳語を検討することにした。竺法護は、『賢劫経』（大正№四二五）という大乗仏典を翻訳しているが、この経典には、賢劫《げんごう》と呼ばれる途方もなく長い時代に、この娑婆《しゃば》世界に現れる千人の仏の名が説かれている。なお『賢劫経』のサンスクリット原典は発見されていないが、賢劫千仏のサンスクリット名は複数のテキストに引用されて復元することができる。

そこで賢劫千仏名のうち合成語の後分が音（スヴァラ）と自在（イーシュヴァラ）になってい

る二十四例を検討した。その結果、観音を光世音と訳した竺法護は、合成語の後分がsvara（音）とīśvara（自在）になっている尊名を、ほぼ正確に訳し分けていたことが確認された。したがって「観音」「光世音」等の旧訳語を、単なる誤訳と決めつけることはできないことが分かる。

中央アジアの仏教徒は、コータンやキジルのようにインド・ヨーロッパ語族の言語を母語としていても、サンスクリット語の子孫の言語を話していたわけではない。つまり彼らは、サンスクリットを高等文章語として学んだのである。その場合、似た字形の文字を取り違えるという誤りは起こりやすいが、ベンガルやネパールのように、彼らの母語において音韻的差異（sa と śa）がなくなってしまった単語を取り違えるという誤りは起こりにくい。これは古代ローマ人の子孫であるイタリア人やフランス人のラテン語の発音は悪く、日本の西洋古典学者のラテン語の発音の方が正確であるといわれるのに似ている。

これらの事実から、著者は観音の尊名について、つぎのように考えている。中央アジア系の写本に不正確なものが多いという玄奘の指摘は正しいが、これは中央アジア系写本が、正則サンスクリット語化する前の古い語形を保存していたからではないか？

そして五世紀にエフタルの侵入を受けて、シルクロードの仏教に絶大な影響を及ぼしたタキシラの仏教大学が破壊され、エフタルのガンジス河流域への侵攻を食い止めたグプタ朝によってナーランダー僧院が創建されると、仏典の正則文法化は、さらに進展したと考えられる。グプタ王朝は、サンスクリットに基づくインド古典文学と文化の保護者をもって自ら任じていたからである。

そのナーランダーで学んだ玄奘が、旅行の途次で中央アジア系の古写本を目にしたなら、不正確きわまりないものに映ったことは想像に難くない。しかしこのような一見不正確な写本にこそ、西北インドで成立した古形が保存されていたのではないだろうか。したがってアヴァローキタ・スヴァラは、観音の尊名の古形を保存している可能性がある。

そして「観音」と「観自在」どちらが正しいかという問題は、単なる一尊格の呼称の問題ではなく、インド仏教と仏教美術全般に関わる問題に関係している。

これから本書で述べるように、西北インドと東インドの仏教は系統が違っていたという視点は、千手観音と二十八部衆のルーツを考える場合にも、重要になるのである。

第3章　万能の救済者は目的のためには手段を選ばない？

つぎに、インドに観音信仰が現れた頃の、時代的・社会的背景を考えてみよう。

インドでバラモン教が大衆化しヒンドゥー教が成立すると、シヴァやヴィシュヌといった最高神には種々のスタイルの神像が造られ、人々の信仰を集めるようになった。ヒンドゥー教神は、もし熱烈な信仰を捧げれば、それぞれの信徒の掛けた願《がん》（ヴァラ）を叶えてくれると考えられた。そしてこれらの願の中には、宗教的な解脱だけでなく、恋愛の成就や商売繁盛、戦争や賭博の勝利など、信徒の個人的な欲求を満たすだけの世俗的な願望も含まれていた。

これに対して仏教は、煩悩を捨て去り、自我への執着を捨てて解脱を得ることを目的とする宗教であった。ブッダに、これらの世俗的な願を叶えてもらうというのは、仏教の本義に反することにもなりかねない。そこでこのような信徒の世俗的願望と、仏教の本義を調和させる尊格として登場したのが、観音であったと考えられる。

つまりヒンドゥー教神に世俗的な願を叶えてもらったとしても、それは大乗仏教の究極的な目標である一切衆生の救済には結びつかない。世俗的な願望を叶えるために悪業《あくごう》を重ねれば、地獄へ堕ちることにもなりかねない。これに対して観音は、信徒の世俗的な願望を叶えつつも彼らを最終的に菩提へ導くものとされたのである。

たとえば有名な『華厳経』「入法界品《にゅうほっかいぼん》」の五十三人の善知識の中でも、国民に残酷な刑罰を科したアナラ王（満足王）や娼婦のヴァスミトラー（婆須密多女）は後世、観音の化身と見なされるようになった。

写真２：ソンツェンガムポ王（藤田弘基氏撮影）

いっぽうチベットでは、古代吐蕃王国を開いたソンツェンガムポ王（写真２）が、観音の化身とされている。本書第13章で見るように、ソンツェンガムポは、チベットではじめて千手観音像を造立した人物ともされるが、彼を観音の化身とすることについては、つぎのような説話が伝えられている。

ある時コータンで、二人の比丘が観音菩薩の観想を修していたら、観音が現れて、いま私はチベットのある国王に化身して、チベット人たちを教化《きょうけ》しているところだと告げた。

そこでチベットのタンドゥク（ヤルルン地方）に行ったら、ソンツェンガムポは、罪人の目玉を剔り出し、膝を切断したりして、処刑をしているという噂を聞いた。そこで、これは偽物だと思ってラサに行ったところ、やはり同じような話を聞いた。

そこで［二人の比丘は］、観音の化身がいるといったのは悪魔の仕業だったのだと思い、逃げ出した。するとソンツェンガムポは、家来の騎兵を派遣して、比丘を連れ戻した。王が、彼らの前で、頭の帽子を取ると、中からは観音の十一面が現れた。

そこで比丘が、あなたが大いなる慈悲をもつ［観音の化身］であるなら、目を剔り出したり、膝を切断したりしたのは、なぜですかと質問した。するとソンツェンガムポは、「私は、チベット人を教化するために、［残酷な刑罰の光景を］化現《けげん》しているのだ。私は、初めて発心《ほっしん》してから今に至るまで、衆生の毛穴一つさえ損じたことはない。お前たち二人は、何の悉地《しつぢ》を望むか」と仰せられたので、「我ら二名は、故郷へ戻りたい」と答えたところ、「それなら目をつぶっていなさい」と仰せられて、各自の手に砂を握らせた。すると彼ら二人は、［瞬く間に］コータンに戻り、砂粒は黄金に変じていたということである。

これは前述の『華厳経』「入法界品」のアナラ王の物語の翻案であるが、「入法界品」では、とくに観音の化身とはされていない残酷な国王が、中国・日本とチベット仏教の双方で、観音の化身とされているのは示唆的である。

いっぽう中国にも、色仕掛けで人々に『法華経』の読誦を勧めた馬郎婦《めろうふ》観音（魚籃観音）の伝説がある（写真3）。

写真３：馬郎婦観音（中国の白描画）

これは、唐の憲宗の元和年中、鳳翔（現在の陝西省）に、魚籃を提げた美女が現れ、地方の若者は、みな自分の妻にしようと競ったが、美女は能《よ》く経典を読誦するものに嫁《か》せんといい、ついに『法華経』を読誦する馬氏の男子の妻となった。ところがこの美女は、婚礼の夜、突然死んでしまった。その後、この美女は衆生に『法華経』の読誦を勧めるため、観音が化現した化身であることが分かり、三十三化身の一つ、婦女身《ふにょ》とされるようになった。

これなども現代の感覚でいえば、結婚詐欺で訴えられそうな話であるが、衆生を菩提に導くという目的のためには手段を選ばない、観音の性格を如実に表している。このように観音は、煩悩熾盛《しじょう》の衆生を巧みな方便を用いて悟りに導く尊格とされたのである。

観音の標準的図像は、右手で衆生の願いを叶える与願《よがん》印、または衆生の危難を救う施無畏《せむい》印を結び、左手では観音のシンボルである蓮華をもっている。なお観音の一族郎党のことを蓮華部と呼ぶように、蓮華は観音のシンボルとして、インドだけでなくアジアの仏教圏で広く用いられてきた。しかし蓮華を観音の持物として明確に規定する文献は、五〜六世紀に成立した初期密教経典にまで下がる。さらに煩悩の泥土から美しい悟りの花を咲かせるという象徴性が、観音の持物である蓮華に付与されるようになるのは、さらに下がって、真言宗の常用読誦経典である『般若理趣経《はんにゃりしゅきょう》』（七世紀）からと思われる。

大乗仏教が興起した頃、確実に成立していたテキストの中で蓮の象徴性に言及するものとしては、『普賢行願讃《ふげんぎょうがんさん》』の「諸《もろもろ》の惑業《わくごう》及び魔境、世間道の中に於いて解脱を得、猶《な》お蓮華が水に著せず、亦《ま》た日月が空に住さぬ如く、悉《ことごと》く一切悪道の苦を除いて、等しく一切の群生《ぐんじょう》に楽を与う」が思い当たる。このように衆生の苦を除き、楽を与える菩薩が、業・煩悩・魔境といった世間道から完全に解脱していることが、蓮の華が（泥）水に染まらず、太陽や月が空に留まらないことに比せられている。

なお『般若理趣経』では、このような蓮華の象徴性が観音と結びつけられているが、『普賢行願讃』では、菩薩の一般的な徳性の説示に止まっており、とくに観音とは結びつけられてはいない。しかし本章で見た、衆生救済のためには衆生の煩悩さえ利用するという観音の性格が、上述の蓮華の譬喩に最もよく当てはまることは論を待たない。

なお日本では、観音は左手で切り花の蓮華や、水瓶の口に挿した蓮華を持つことが多いが、インドの作例では、ほとんどの観音が、地面から立ち上がった蓮の茎を持っている。これなども「煩悩の泥土から悟りの花を咲かせる」という象徴性の表現としては、よりふさわしいといえよう。

第4章　すべては『法華経』「普門品」からはじまる

前章で見たように、観音信仰が成立した頃のインドでは、ヒンドゥー教が盛んになり、仏教は守勢に立たされるようになった。観音信仰、とくに変化《へんげ》観音の成立には、ヒンドゥー教への対抗という背景があった。

『法華経』「普門品」によれば、観音は三十三の化身に変化して衆生を救済するとされている。そしてその中には、梵天《ぼんてん》に変化した「梵王身」、帝釈天《たいしゃくてん》に変化した「帝釈身」、大自在天、つまりヒンドゥー教の最高神シヴァに変化した「大自在天身」が含まれている。

いっぽう日本でも、天皇の長寿と治世の長久を祈るため御所の清涼殿に安置されていた二間《ふたま》観音（現東寺所蔵）や、愛知県瀧山寺の聖観音像（運慶・湛慶作）は、左右に梵天・帝釈天を伴っている。インドの伝統では、左右に梵天・帝釈天を伴うのは、三道宝階降下《さんどうほうかいこうげ》像のような釈迦如来の特徴である。日本で梵天・帝釈天を脇侍とする観音像が制作されたのは、観音がインドの神々に変化して衆生を救済するという思想に基づくものと思われる。

またインドで『法華経』「普門品」と並んで観音信仰の根本聖典とされた『カーランダ・ビューハ』（大乗荘厳宝王経）の第四章には、観音が両目から日天と月天、額からは大自在天（シヴァ）、肩からは梵天、心臓からは那羅延天《ならえん》（ヴィシュヌ）、歯からは弁才天、口からは風天、両足から地天女《ぢてんにょ》、腹から水天を生み出し、「汝大自在天は、末世に悪衆生が生ずると、本初神とされるであろう。創造者・造物主と呼ばれるであろう。彼ら一切衆生は菩提道から遠離《おんり》するであろう」と予言したと説かれている。

写真４：スリシュティカーンタ・ローケーシュヴァラ（ハンビッツ文化財団所蔵、©The Hahn Cultural Foundation-Hwajeong Museum）

そしてネパールでは現在も、観音が身体の各部位からヒンドゥーの神々を出現させるスリシュティカーンタ・ローケーシュヴァラ（諸天生成観音）が制作されている（写真４）。これは、観音信仰がヒンドゥー教への対抗手段として導入されたことを、物語るものといえる。なお『カーランダ・ビューハ』の漢訳は北宋（九六〇～一一二七）時代まで下がるため、従来の学界では軽視する傾向があったが、最近同経の断片がギルギット写本に含まれることが明らかになり、インドにおける成立は、遅くとも五〜六世紀に遡りうることが判明した。

このようなヒンドゥー教への対抗という意図が、もっとも明確に見られるのは、日本で六観音・七観音の一つに数えられる不空羂索観音である。不空羂索観音の信仰は、短編の陀羅尼経典である『不空羂索神呪心経』から、しだいに増広され、最終的に変化観音の経典の中でも最大の『不空羂索神変真言経』にまで発展したと考えられる。そこで不空羂索観音の信仰の原点となった『不空羂索神呪心経』に説かれる陀羅尼を見ることにしよう。

この陀羅尼では、諸仏に対する帰敬《ききょう》や無意味語、擬音・擬態語に加えて本尊の観音に対して呼びかける呼格形が出現するが、そこではマハーカルニカ（大悲尊）といった伝統的な観音の別称に交じって、マハーパシュパティ・ヴェーシャダラ（偉大なるパシュパティの姿をとる者）とか、オーンカーラブラフマヴェーシャダラ（オーン字で象徴される梵天の姿をとる者）、さらにはサナトクマーラ・ルドラ・ヴァーサヴァ・ヴィシュヌ・ダナダ・ヴァーユ・アグニリシ・ナーヤカ・ヴィナーヤカ・バフヴィヴィダヴェーシャダラ（サナトクマーラ、ルドラ、ヴァースヴァ、ヴィシュヌ、ダナダ、ヴァーユ、アグニ仙、ナーヤカ、ヴィナーヤカ、多くの種々な姿をとる者）というように、観音がさまざまのヒンドゥー教神の姿をとるものと呼ばれているのが見られる。

これらの特徴は、「大悲尊」のような一般的な別称とは異なり、他の変化観音の陀羅尼にはあまり出現しない。したがって不空羂索観音の原初形態は、種々のヒンドゥー教神の姿をとった観音であったと推定できる。

そしてその中でも、パシュパティと梵天の姿をとる観音が、独立して言及されていることは注目に値する。従来から不空羂索観音の尊容の記述中には、「その状大自在天の如し」とか「その状梵天の如し」といった語句が出現することが指摘されていた。パシュパティはシヴァ神の一化身であるから、「その状大自在天の如し」とはパシュパティ・ヴェーシャダラに相当し、「その状梵天の如し」とはブラフマ・ヴェーシャダラに他ならない。

このことから不空羂索観音は、理論的にはあらゆるヒンドゥー教神の姿をとり得るが、実際にはパシュパティと梵天を模したスタイルが一般的であったと思われる。

なお不空羂索観音には、一面四臂・三面四臂・一面六臂・一面八臂など、種々のスタイルがあり、同じ一面八臂像でも、日本の興福寺南円堂本尊像や東大寺法華堂本尊像などと、ネパールやインドネシアの不空羂索観音（写真5）を比べると、印相・持物が異なっている。また日本や敦煌の不空羂索観音に見られる中央の合掌手が、インドや東南アジア、チベット仏教系の作例には見られないなど、作例間の差異が大きいのも注目に値する。

これはインドで、人々の信仰を集めるヒンドゥー教神像ができると、その図像をまねて、新

写真5：不空羂索観音像（ネパール現代）

しい観音像を創作したからと思われる。これは仏教図像における剽窃、パクリの最たるものといえる。

　このようにインドでは、観音がヒンドゥー教神に変化するという思想だけでなく、梵天相、大自在天相など、個別のヒンドゥー教神の図像をまねた観音像が現れるようになる。そして仏教では、ヒンドゥー教神の図像の受容を、観音が神々の姿に変化して衆生を救済するという変化思想によって、合理化したのである。

　西北インド、ヒマチャルプラデシ州の山間部にあるトリローカナート寺院は、頭上に阿弥陀如来を戴き、左の一手に三つの先端がある杖（トリダンダ）を持った六臂の観音像を祀っている（写真6）。これを現地のチベット仏教徒は観音像として信仰しているが、ヒンドゥー教徒はシヴァ神として崇拝している。三つの先端がある杖は、シヴァ神の象徴である三叉戟（トリシューラ）と形状が似ており、まさに「その状大自在天の如し」の観音像が、ヒンドゥー教徒にシヴァ神として崇拝されている事例として、注目に値する。

しかしインドや東南アジアと異なり、中国・日本にヒンドゥー教は存在しなかった。不空羂索観音も、唐や奈良時代の日本では盛んに信仰されたが、時代が下がるにつれ、忘れ去られていく。茨城県の雨引《あまびき》観音は、板東三十三箇所の二十四番霊場であるが、その本尊は、平安初期に造立された八臂の不空羂索観音を改造し、延命長寿の利益《りやく》がある延命観音としたものといわれる。

このように人気のあるヒンドゥー教神像をまねた不空羂索観音への信仰は、平安初期を境に衰え、観音信仰の中心は、十一面や千手など、観音の救済力の大きさを、より具体的に表現した変化観音へと移っていく。

写真6：六臂観音像（トリローカナート寺院、R. Linrothe 教授提供）

そして本書第11章で見るように、千手観音は、観音が神々の王者＝帝釈天の姿をとったもの、本書17章で見る青頸《しょうきょう》観音は、観音がヒンドゥー教の大神ヴィシュヌの姿をとったものとされたのである。

千手観音編

第5章　どうしてインドから確実な作例が発見されていないのか？

これまでの各章では、千手観音研究の序説として、観音信仰の成立や変化観音全般を紹介してきた。本章からは、いよいよ千手観音を取り上げることになるが、千手観音を考える上で最大の問題は、現在（二〇一八年）までのところ、インド（チベット仏教圏を除く）からは千手観音と確実に同定できる作例が、彫刻・絵画を通じて一例も発見されていないことである。

インド亜大陸から出土した変化観音像で、もっとも臂数が多いのは、ナーランダー遺跡から出土し、現地の考古博物館に所蔵される一面十二臂像（写真7）である。中国には、十一面をもたない一面千手の作例が相当数あるので、一面であっても千手観音に比定することはできるが、千手観音を特徴づける正面の合掌手がないのが問題である。いっぽうバングラデシュ北部のカシプールから出土した観音像（ヴァレンドラ博物館蔵）は、頭部を失っており保存状態が悪いが、やはり合掌手のない一面十二臂像と考えられる（写真8）。

またケンブリッジ大学図書館に、各地の霊像や仏塔を描いた『八千頌般若経』の装飾写本

写真7：一面十二臂像（ナーランダー考古博物館所蔵）

写真8：一面十二臂像（ヴァレンドラ博物館所蔵）

(Add.1643) があり、その中に「コーンカナのシヴァプラの千手世主」(Koṅkane Sivapure Sahasrabhujā Lokanātha) の銘文をもつ挿絵が含まれている (写真9)。コーンカナはデカン高原の西海岸で、観音の霊場、補陀落山《ふだらくせん》のモデルとされるアガスティア山にも近いが、シヴァプラの正確な位置は不明である。その図像は、正面に合掌手ではなく、転法輪《てんぽうりん》印を結ぶ二手が描かれ、放射状の脇手が無数に伸びているが、細密画のため、一々の持物までは確認できない。

これがインド製なら、インドから発見された唯一の千手観音の作例となったが、ネパールで十一世紀に書写された写本であるため、図像がどの程度正確に描かれているのかは分からない。

このようにインドからは、現在までのところ、千手観音の確実な作例は発見されていない。

これに対して十一面観音は、すでに確実な作例が複数発見されている。また不空羂索観音も、多くの作例が同定されている。馬頭観音は、日本のものと大きく異なるが、観音像の脇侍や眷属として複数の作例があり、西北インド（現パキスタン）のスワットから、単独の鋳造像（シカゴ博物館蔵）も同定されている。准提観音は、インドでは変化観音ではなく仏母に分類されるが、多数の作例が知られている。これまでインドからは作例が見られなかった如意輪観音も、ナーランダー出土の塼仏《せんぶつ》の中から、日本のものによく似た六臂像（アストッシュ博物館蔵）が同定された。

写真9：「コーンカナのシヴァプラの千手世主」（Koṅkane Sivapure Sahasrabhujā Lokanātha　ケンブリッジ大学図書館所蔵、CUL_Agreement_R3572 Reproduced by kind permission of the Syndics of Cambridge University Library［S Add. 1643, f.147r］）

　このように千手観音は、他の変化観音とは異なり、代表的な変化観音でありながら、確実な作例がインドから発見されていないという問題がある。

　それならばインドには、千手観音は存在しなかったのかというと、いくつかの有力な反証がある。インドの仏典を忠実に翻訳した『チベット大蔵経』には、千手観音に関する複数の経典と儀軌類が収められている。その中には、本書第8章で見る『千手経』のチベット訳のように、インドを捜索しても原典が見つからず、吐蕃《とばん》が占領（八世紀末〜九世紀中葉）していた敦煌で、法成《ほうじょう》というバイリンガルのチベット僧が翻訳したテキストも含まれている。

しかしサンスクリット原典から翻訳された千手観音の経典や儀軌もあり、いくつかの流儀に関しては、インドからどのような経路で、誰によってチベットにもたらされたのかも分かっている。したがって、千手観音がインドに全く存在しなかったとは思われない。しかし他の変化観音の作例が、ほぼ同定された現在になっても、まだ確実な作例が発見されていないのは、インドにおける千手観音の信仰が、地域的に偏っていたか、あまり盛んではなかったからと思われる。

なおインドにおける千手観音の起源と、その成立地については、これからの各章で詳しく検討することにしたい。

ところが同じインドでも、ラダック、ヒマチャルプラデシなどのチベット仏教圏には、千手観音の作例が極めて豊富である。これらのほとんどは、本書第13章で取り上げるソンツェンガムポ王流か、ラクシュミー流の千手観音である。

これに対してラダック・アルチ寺三層堂壁画の千手観音は、チベットに流布するものとは異なる図像を示している。立像（本書口絵参照）と坐像（写真10）があるが、何れも十一面二十二臂像で、合掌手がなく、主要な二手で転法輪印を結んでいるのは、前述のコーンカナ像に通じるものがある。なお中国領西チベットにも、十二〜三世紀に遡りうる千手観音の古作が遺されるが、その多くはチベットの流布図像に一致するから、アルチの千手観音は、きわめて特異な作例といえる。

またインド亜大陸で唯一、伝統的な大乗仏教と密教の混淆形態が残存するネパールのカトマ

写真10：千手観音像（ラダック・アルチ寺三層堂、森一司氏撮影）

写真11：現在のネパールの千手観音像

ンズ盆地には、千手観音の作例が遺されるだけでなく、現在も千手観音像が制作されている。(写真11)。しかしその図像は、本書第13章で取り上げる、チベットのラクシュミー流と同じである。

このように様々な状況証拠から、インドに千手観音が全く存在しなかったとは考えられない。しかし主として漢訳の資料によった従来の研究では、千手観音のようにサンスクリット原典が遺されていない尊格の起源を、十分に解明することができなかった。千手観音の謎を解明するためには、インド仏教を忠実に継承したチベット仏教の資料、とくに敦煌で漢訳から重訳されたのではない、サンスクリット原典から翻訳された資料や、チベット仏教に伝えられる仏教史書や師資相承系譜が必要不可欠となるのである。

第6章　神々の宇宙的すがたと千手観音

本書導入編で見たように、大乗仏教における万能の救済者＝観音は、当初は人間と同じ一面二臂の姿で、右手には衆生の願いを叶える与願印あるいは、衆生の危難を救う施無畏印を結び、左手にはそのシンボルである蓮の茎を執る姿で表現された。これが一面二臂の聖《しょう》観音である。聖観音は、正しくは正《しょう》観音と書き、変化する前の本来の姿という意味である。

ところがインドでヒンドゥー教が隆盛を迎え、シヴァ、ヴィシュヌといったヒンドゥーの大神の人気が高まり、種々のスタイルの神像が制作されるようになると、観音像も、その影響を受けるようになった。

ブラフマー神（梵天）は、ガンダーラの仏教彫刻では、一面二臂のバラモンの姿をとったが、ヒンドゥー教では、その最高聖典『ヴェーダ』が、四種の聖典からなることから、四面（高浮彫の場合、背後の面は表現できないので三面のように見える）四臂で現されるようになった。

これに対してヴィシュヌ神は一面四臂、シヴァ神は一面三目十臂といわれるが、実際の作例

写真12：ヒンドゥー教の三大神（エローラ石窟）

では、三大神ともに四臂像が多いという傾向がある（写真12）。

このように普通の人間と異なり、多くの頭と手をもつ神々の像を多面広臂《ためんこうひ》像というが、このような多面広臂化の頂点に位置するものこそ、千手観音に他ならない。

いっぽうヒンドゥー教では、千手観音のように、無数の頭と手をもつ神像を、ヴィシュヴァルーパと呼んでいる。ヴィシュヴァルーパとは、世界のありとあらゆる生き物、山川草木のすべてが、最高神の現れに他ならないということを、多面広臂の図像で示したものである。ネパール国立博物館が所蔵するヒンドゥー教のヴィシュヴァルーパ像（写真13）は、千手観音と、その表現が似ていることに驚かされる。

インドの国民的叙事詩『マハーバーラタ』の

クライマックスで、アルジュナ王子が、これから起こる大戦争の流血と悲惨に思いをいたし、開戦を躊躇していると、これまでアルジュナが乗る戦車の御者であったクリシュナが、ヴィシュヌ神の化身として、アルジュナを励ます。

これが有名な『バガヴァドギーター』であるが、その第十一章では、いよいよクリシュナが、本来のヴィシュヌ神の姿を現す。それは、「多くの口と眼を持ち、多くの稀有の外観をとり、多くの神々しい装飾をつけ、多くの神の武器を振り上げ、神々しい花環と衣服をつけ、神々しい香油を塗り、一切の驚異よりなる、あらゆる方向に顔を向けた無限なる神[の姿]」(上村勝彦訳『ちくま学芸文庫版』)すなわちヴィシュヌ神の宇宙的すがた(ヴィシュヴァルーパ)であった。

写真13:ヴィシュヴァルーパ像(ネパール国立博物館所蔵、藤田弘基氏撮影)

最高神が一人ではない交替神教のバラモン・ヒンドゥー教においては、すべての大神がヴィシュヴァルーパとなりうるが、作例の上では、ヴィシュヌ神のヴィシュヴァルーパが最もポピュラーとされる。これは上述の『バガヴァドギーター』の一場面が、インド人の心に焼きついていたからであろう。

なお『バガヴァドギーター』が現在の形となったのは、遅くとも紀元前後とされるから、神々の宇宙的すがた＝ヴィシュヴァルーパの思想も、すでにその頃には成立していたはずである。

ところが具体的作例の上では、ヒンドゥー神像のヴィシュヴァルーパは、近代の作品がほとんどで、紀元前後どころか、日本で最初の千手観音の本格的作例とされる葛井寺千手観音像の八世紀前半にも及ばないものばかりである。

インドに変化観音が現れた六〜七世紀のヒンドゥーの多面広臂像は、四臂・八臂が普通で、ごく稀に十臂以上のシヴァ神像が見いだされるに過ぎない。

これはちょうど、最後の仏教王朝であるパーラ朝（八〜十二世紀）時代に入っても、インドから出土する多面広臂型の変化観音像は、前章で見たナーランダーとヴァレンドラ博物館の一面十二臂像が最高で、中国・日本・チベット・ネパールに見られるヴィシュヴァルーパのような千手観音には、ほど遠いことに似ている。

インドを専門とする研究者の中には、千手観音を「ヴィシュヴァルーパの仏教版」と考える者があるが、そのように断定するためには、まだ越えなくてはならないハードルがいくつもあるのである。

　そのような中、私が注目しているのが『宝楼閣経』の名で知られる初期密教経典である。そこには本尊釈迦如来の脇侍として、四面十六臂の宝金剛あるいは摩尼《まに》金剛という菩薩が説かれている。

　多面広臂といっても、上述の『バガヴァドギーター』のように、「多くの神の武器を振り上げ」「あらゆる方向に顔を向け」というだけでは、具体的にどのように描いてよいか分からないが、この経典では、宝金剛の一々の面の色と形状や、十六臂の印相・持物が詳細に規定されている。これは経典の記述に基づいて、曼荼羅や軸装仏画が、実際に制作されていた可能性を示唆している。

　そして『宝楼閣経』に基づく宝楼閣曼荼羅は、日本に複数の作例を遺すだけでなく、シルクロードのオアシス都市カラホトからも、西夏・元時代の作例が発見されている。

『宝楼閣経』の初訳は梁（六世紀）失訳の『牟梨曼陀羅呪経《むりまんだらじゅきょう》』である。また西北インドからシルクロードへの出口に当たるギルギットから、同経のサンスクリット断片が発見されている。ギルギット写本の年代は五～六世紀とされるが、この写本は比較的新しい書体で書かれているから、六世紀頃と考えられる。

　このことから西北インドでは、遅くとも六世紀には、四面十六臂の多面広臂像が、実際に制作されていた可能性がある。つまり仏教尊格の多面広臂化に関しては、西北インドの方が、仏教の歴史的中心であった東インドより先行していたと考えられるのである。

そしてこのような多面広臂像が、シルクロード経由で中国・日本へ急速に伝播したため、仏教尊格の多面広臂化に関しては、インドより中国・日本の方が早いという逆転現象が起きたのではないだろうか？

そしてその典型例が、仏像の多面広臂化の頂点に位置する千手観音と考えられるのである。

第7章　十一面観音像から突然ひらめいた変化観音を読み解く法則

私の祖父は、大正から戦前にかけて活躍した仏画家の田中百嶺《ひゃくれい》である。日本では現在、仏師（彫刻）という職業は存在するが、仏画家という専門職はなく、大学や美術学校で日本画を学んだ者が、仏画も手がけるという状況になっている。しかし江戸時代までは絵仏師という専門職があり、その多くは仏師と同じく半僧半俗の生活を送っていた。百嶺は、古代から日本に存在した絵仏師の最後の世代に属していた。

熱心な観音信者だった百嶺は、大徳寺四百八十六世で八幡円福寺（京都府）に引退していた見性宗般《けんしょうそうはん》に参禅していた時、近在の民家が預かっていた十一面観音像を譲り受け、東京四谷荒木町の自宅に祀るようになった。

この像は、廃仏毀釈の折、石清水八幡《いわしみずはちまん》の神宮寺等から流出し、民間に引き取られていたものと思われる。伝えによれば、隠元禅師とともに来朝した明国の仏師范道生《はんどうせい》の流れを汲む范宗保の作といわれるが、黄檗《おうばく》様式は顕著でなく、幕末の擬古仏と思われる（写真14）。

しかし荒木町は繁華街のうえ近所に遊郭もあり、観音像を安置するのに相応しい土地とはいえなかった。そこで新たに府下の千歳村（現在の世田谷区上祖師谷）に土地を求め、観音像を祀ることになった。当時は京王電車の始発駅が新宿追分にあり、そこから市電に接続して四谷方面に出ることができた。そこで千歳村の農家が、荒木町まで馬車で下肥を調達に来ていた。汲み取りが取り持つ縁で、千歳村に観音堂を建てることになったといわれる。

この像は今も、百嶺の養子となった父が再建した観音堂に安置されており、毎月二十日の縁日に参拝をするのが、我が家の慣例となっている。

私は一九八八年にネパールに留学して以来、インド・ネパール・チベットで、精力的に仏教美術の調査を行うようになった。その過程で、インドには右手与願印、左手蓮華の聖観音だけ

写真14：十一面観音像（田中家所蔵）

写真15：インドの四臂観音像（ナーランダー考古博物館所蔵）

でなく、これに右に念珠、左に水瓶を持つ手を加えた四臂の観音像が多いことに気づいた（写真15）。

不思議なことに、ネパール・チベットには、このタイプの四臂像は見られず、チベット・ネパールで四臂観音といえば、『カーランダ・ビューハ』所説の合掌手の間に宝珠を挟む六字観音を指すのが一般的である。

ある学者は、インドに流布する四臂像こそ不空羂索観音であると考えたが、別の学者は、この四臂像に似ているが、左の第二手に水瓶ではなく索（投げ縄）を持つ像（写真16）こそ、不空羂索観音であると唱えた。

写真16：左第二手に索を持つ観音像（オリッサ・ラトナギリ）

写真17：三叉戟を持つ四臂像（パトナ博物館所蔵）

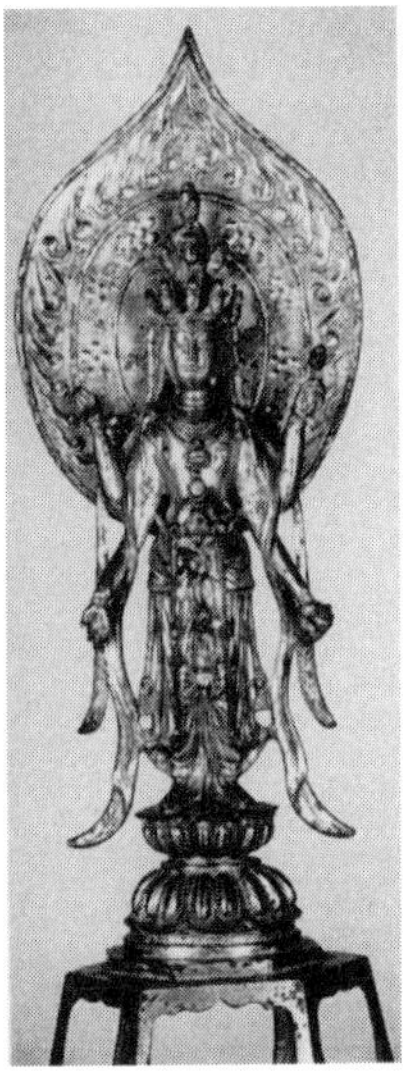
写真18：四臂十一面観音の金銅像（個人蔵、和泉市立久保惣記念美術館開催「隋唐時代の金銅仏」展図録より）

写真19：十一面観音（『図像抄』（石山寺本）収録）

またパトナ博物館の庭に展示される、左の第二手に水瓶ではなく、蛇が巻き付いた三叉戟《さんさげき》を持つ四臂像（写真17）こそ、不空羂索観音であるとも考えられた。蛇が巻き付いた三叉戟はシヴァ神のシンボルであり、これこそ「その状大自在天の如し」とされる、シヴァ神の姿をとる不空羂索観音にふさわしかったからである。

そのような事情で、インドに見られる四臂観音が何を意味するのか、常々気にかかっていたのだが、ある時、観音堂の十一面観音を拝しているうちに、突然ひらめいたことがあった。

我が家の観音像は、右掌を前に出して与願印を結び、左手に持った水瓶の口に蓮華を挿している。これが日本の十一面観音の流布図像であるが、作品によっては右手を垂下して、与願印ではなく念珠を執るものがある。また絵画では、与願印の右手の手首に、念珠を巻き付けたものもある（『別尊雑記』大正大蔵経図像部第三巻、図像七三、七四）。

つまり日本の十一面観音の図像は、インドの四臂観音の四本の手を、二臂に集約したものだということに気づいたのである。

このように考えると、ロサンゼルス郡立博物館に寄託される十一面観音像は、インドで一般的な四臂観音の頭を十一面にしたものである。いっぽう中国にも、四臂十一面観音の金銅像（盛唐）が知られている（日本個人蔵＝写真18）。日本でも、平安末期に編集された『図像抄』（石山寺本）には、インドの四臂観音と同じ四臂をもつ十一面観音（写真19）が収録され、四臂十一面の作例も僅かながら存在する。

写真20：スガティサンダルシャナ観音（インド博物館所蔵）

いっぽうインドでは、四臂観音の四臂に、さらに二本・四本と脇手を付加

写真21：馬頭観音像（西安碑林博物館所蔵）

した六臂・八臂観音が制作された。インド博物館所蔵のスガティサンダルシャナ観音は、四臂観音の四臂に右手施無畏印、左に梵篋《ぼんきょう》（インド装幀の経典）を持つ手を付加した六臂像である（写真20）。この像では、施無畏印を結ぶ右手が前に出ているように見えるが、肩の取りつきを見ると、与願印の右手が前に出ていることが分かる。

　このようにインドでは、観音の臂数が、四臂・六臂・八臂・十二臂と増加しても、ほとんどの作例で右手与願印、左手蓮華の手が前に出ている。そしてさらに脇手が増えても、念珠は右手、水瓶は左手の持物となっている。念珠と水瓶は、ヒンドゥー教の神像に頻出する持物なので、四臂観音は、観音がヒンドゥー教神の姿をとったものと考えられる。

　いっぽう西安の大安国寺址から出土した馬頭観音像（西安碑林博物館蔵）は、唐時代の馬頭観音の貴重な遺品である（写真21）。この作品では馬口印《ばこういん》を結ぶ両手が前面に出ているが、右に与願印と念珠、左に蓮華と水瓶の手が配され、観音の面臂増広の法則に当てはまる。

本書第4章で見たように、インドの変化観音は、人気のあるヒンドゥー教神の図像を剽窃することによって発展した。したがってその持物には、索や水瓶、三叉戟のように、ヒンドゥー教神と共通するものが含まれている。

しかしこの多面広臂像が、ヒンドゥー神像ではなく、あくまで仏教の観音像であることを明示するため、右手与願印、左手蓮華の二手を、前に出す必要があったのである（次頁の図「観音の面臂増広の法則」参照）。

このことは本書第3章で見た観音信仰の本質、すなわち観音は、世間の神々とは異なり、信徒の世俗的な願望を叶えるだけでなく、最終的に彼らを菩提へ導く存在であることと関わっている。

本章では、筆者が発見した変化観音の図像を読み解くための鍵、「観音の面臂増広の法則」を紹介した。そして本書ではこれから、このツールを活用しながら、観音の面臂増広の最終段階である、千手観音の成立という問題を解明することにしたい。

観音の面臂増広の法則

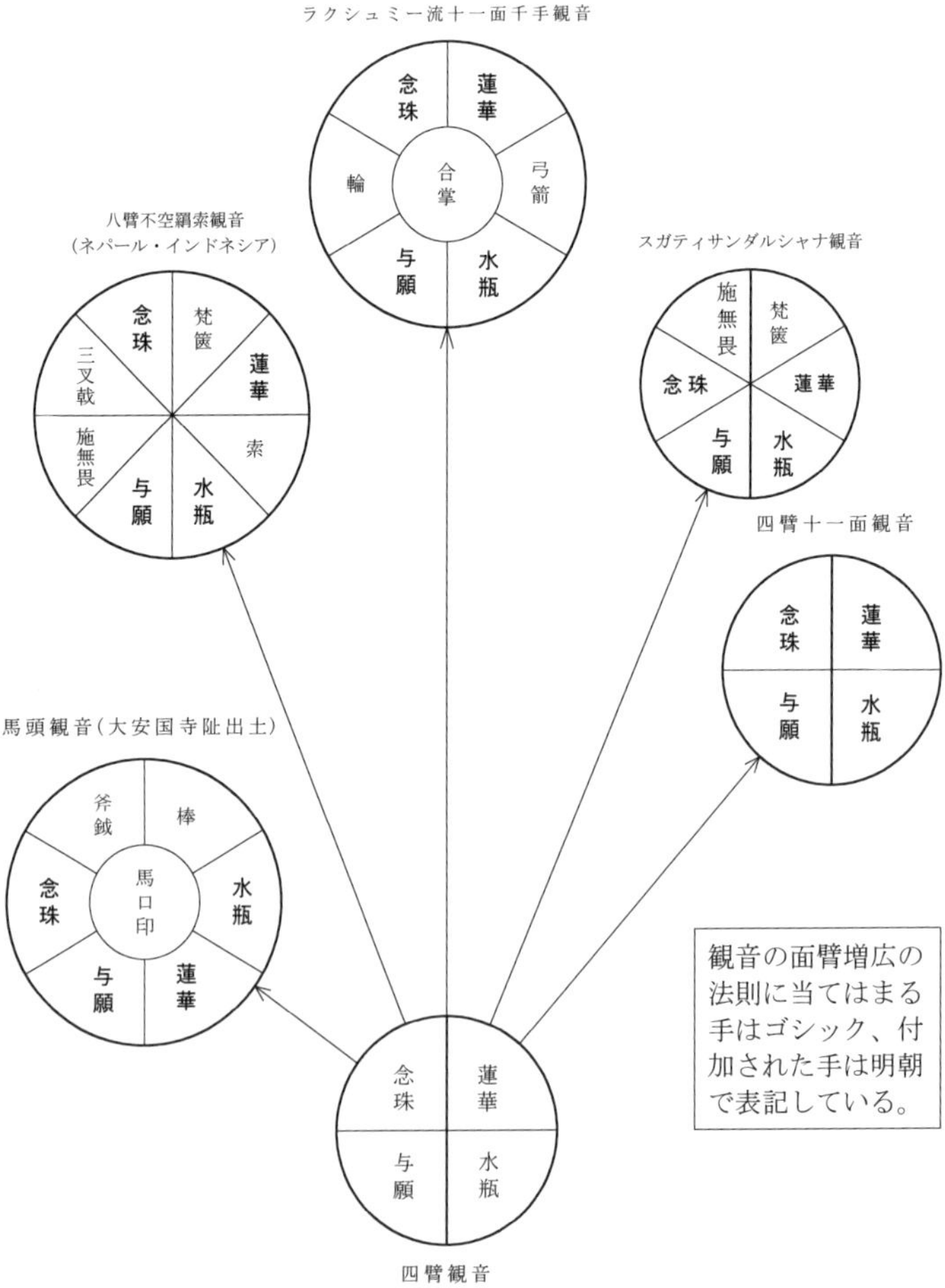

観音の面臂増広の法則に当てはまる手はゴシック、付加された手は明朝で表記している。

第8章　問題の多い『千手経』は果たして真経か偽経か？

それではここで、千手観音に関する文献を概観することにしよう。

漢訳『大蔵経』の定本とされる『大正新脩大蔵経』には、千手観音関係の経典として、

①不空《ふくう》訳『金剛頂瑜伽千手千眼観自在菩薩修行儀軌経』（大正№.一〇五六）、

②智通《ちつう》訳『千眼千臂観世音菩薩陀羅尼神呪経』と③同別本（大正№.一〇五七）、

④菩提流志《ぼだいるし》訳『千手千眼観世音菩薩姥《も》陀羅尼身経』（大正№.一〇五八）、

⑤伽梵達摩《がぼんだつま》訳『千手千眼観世音菩薩治病合薬経』（大正№.一〇五九）、

⑥同訳『千手千眼観世音菩薩広大円満無礙大悲心陀羅尼経』（大正№.一〇六〇）、

⑦金剛智《こんごうち》訳『千手千眼観自在菩薩広大円満無礙大悲心陀羅尼呪本』（大正№.一〇六一）、

⑧同訳『千手千眼観世音菩薩大身呪本』（大正№.一〇六二A）、

⑨同訳『世尊聖者千眼千首千足千舌千臂観自在菩提薩埵怛嚩広大円満無礙大悲心陀羅尼』（大正№.一〇六二B）、

⑩失訳『番大悲神呪』（大正№一〇六三）、
⑪不空訳『千手千眼観世音菩薩大悲心陀羅尼』（大正№一〇六四）、
⑫三昧蘇嚩羅訳『千光眼観自在菩薩秘密法経』（大正№一〇六五）、
⑬不空訳『大悲心陀羅尼修行念誦略儀』（大正№一〇六六）、
⑭不空訳『摂無礙大悲心大陀羅尼経計一法中出無量義南方満願補陀落海会五部諸尊等弘誓力方位及威儀形色執持三摩耶幖幟曼荼羅儀軌』（大正№一〇六七）、
⑮善無畏《ぜんむい》訳『千手観音造次第法儀軌』（大正№一〇六八）、

と、同本異訳や別本を含めて十五部の経典が収録されている。

このうち①大正№一〇五六は一番最初に収録されているが、金剛界曼荼羅を説く『金剛頂経』系の儀軌である。訳出年代では、⑫『千光眼経』が最も遅いと考えられるが、内容的には最も新しいテキストである。なお本書では第11章で、『金剛頂経』系の千手観音について詳しく紹介することにする。

これに対して②智通訳（大正№一〇五七）は、成立順序の上では最も古い。また同経の序には、唐の初頭に、千手観音の信仰がどのように伝えられたのかが略述されており、信仰史的にも貴重な資料となっている。

④菩提流志訳（大正№一〇五八）は、『不空羂索神変真言経』を訳し、『大日経』『金剛頂経』

など組織的密教伝播の先駆けとなった菩提流志の訳で、合掌手を含む十八の正大手《しょうだいしゅ》をもつ千手観音を説いている。なおこの十八臂には、右手に数珠と甘露《かんろ》手（与願印）、左手に開敷蓮華と澡罐《そうかん》つまり水瓶が含まれており、第7章で説明した観音の面臂増広の法則に当てはまる。また右の甘露手から甘露が流れ出ると説かれるが、インドからは実際に観音の右の与願印から甘露が流れ出て、下に配された餓鬼の飢渇を潤す作例が出土している（写真22）。いっぽう左下の手は、宝の雨を施す施無畏手とされ、敦煌からは千手観音の右手の下に餓鬼、左手の下に宝の雨を受ける貧者を描いた観音像が発見されている。ただしこの十八臂像は、日本では作例に恵まれなかった。

写真22：甘露を飲む餓鬼
（インド博物館所蔵）

　そして⑥伽梵達摩訳（大正№一〇六〇）は、『千手経』と通称され、後世に最も大きな影響力を与えたテキストである。なお同じ訳者の⑤大正№一〇五九は、『千手経』の付属儀軌である。本書第15章以下で詳しく見るように、伽梵達摩訳の『大悲呪』は、文法的に誤りが多く、サンスクリットの漢字音写も正確とはいいがたい。また対応するチベット訳（後述）も、漢訳からの重訳であるため、伽梵達摩がサンスクリット原典から訳したかに疑問を呈する意見もあった。なお伽梵達摩訳『千手経』が真経か偽経かという問題については、今後の各章で詳しく論じることになる。

つぎの⑦⑧金剛智訳（大正№一〇六一、一〇六二）は、『千手経』から陀羅尼の部分のみを抜き出したテキストで、伽梵達摩訳に比して、陀羅尼の文句が増広され、文法的にも正確になっている。しかし本書第15章以下で見るように、金剛智訳は、なぜか中国・日本では普及しなかった。

不空に仮託された⑪大正№一〇六四は、伽梵達摩訳『千手経』の要点のみを抽出したテキストであるが、『大悲呪』の文句を、種々の尊格に当てはめ、「四十手法」の各手に図像の挿図が付属しているのが注目される。またこの挿図を信頼するなら、四十手の各々が左右のいずれであるのかを判断することができる。なお不空訳と伽梵達摩訳では、四十手の名称と形状に、若干の相違がある（次章表参照）。

⑫三昧蘇嚩羅訳（大正№一〇六五）は、通常『千光眼経』と略称される。『千手経』とほぼ同じ「四十手法」を説くが、四十手を『金剛頂経』系の五部や五種法に配当するなど、より発展した姿を示している。また同経の末尾には、千手観音の四十二臂を説く偈が出るが、偈文は後述の『摂無礙経《しょうむげきょう》』に、驚くほどよく似ている。ただし『摂無礙経』が、宝鉢手と禅定印を結ぶ

二手を別に説くのに対し、『千光眼経』は禅定印を説かないが、宝鉢を理智、すなわち両手で持つとしており、現在の流布図像に近いのが注目される。

⑭不空訳（大正№一〇六七）は、経題があまりに長いので、通常は『摂無礙経』あるいは『補陀落海会軌《ふだらくかいえ》』と通称される。この経典については、本書第10章で概観する。

⑮『千手観音造次第法儀軌』（大正№一〇六八）は、本書二十八部衆編でとりあげる二十八部衆に関して、しばしば参照されるテキストである。中国に『大日経』系の密教を紹介した善無畏に仮託されているが、内容から見て明らかな偽作である。

いっぽう『チベット大蔵経』には、『千手経』のチベット訳（北京№三六九）が収録されている。これは吐蕃占領下の敦煌で活躍したバイリンガルのチベット僧法成（チュートゥプ）が漢訳から重訳したもので、⑥伽梵達摩訳の重訳と考えられていた。ところが磯田熙文《ひろふみ》氏が内容を検討したところ、伽梵達摩訳に対応するのは前半だけで、後半は②智通訳『千眼千臂観世音菩薩陀羅尼神呪経』と④菩提流志訳『千手千眼観世音菩薩姥陀羅尼身経』（両者は一部異なるが、ほぼ同本異訳の関係にある）の重訳であることが判明した。

いっぽう北京版で法成訳の前に収録される訳者不明のテキスト（北京№三六八）は、『千手経』の別のチベット訳で、伽梵達摩訳の前半のみに対応する。同経は、サンスクリット原典からの翻訳と思われ、漢訳で不明だったサンスクリット原語を、チベット訳から復元できること

写真23：十一面四十二臂像（ペンコルチューデ仏塔）

が分かった。

いっぽうデルゲ版で、法成訳の前に収録される訳者不明のテキスト（東北No.六九〇）は、前述の北京No.三六八と同一と思われていたが、前者に比して四倍の文献量がある。なお後半は北京No.三六八に欠けている伽梵達摩訳の後半と、智通訳と菩提流志訳にほぼ対応するが、漢訳に比して、かなりの出入があることが分かった。

この他、論部（テンギュル）にも、千手観音関係の儀軌や讃が、複数収録されているが、尼僧ラクシュミーが著した『十一面聖観自在尊成就法』（北京No.三五五七、東北No.二七三七）は、現在のチベット仏教における十一面千手観音の流布図像＝ラクシュミー流の基本文献として重要である。

またナーガールジュナに帰せられる『聖千手観自在成就法』（東北No.二七三六、北京No.三五五五）も重要である。この成就法に説かれる十一面四十二臂像は、現代チベットではポピュラーでないが、十五世紀に遡る古作に優れた作例を見ることができる（写真23）。

従来の日本の変化観音研究では、チベット系の資料や所伝が、ほとんど無視されてきた。チベット系の千手観音については、わずかに清の工布査布（ゴンポジャップ）がチベット訳から重訳した『造像量度経解』（大正№一四一九）が参照されていたに過ぎなかった。ところが今回、千手観音と二十八部衆の起源に関して、チベット系の資料を再検討したところ、予想を遥かに超える貴重な情報を得ることができた。なおこれらの資料については、本書第13章で詳しく紹介したい。

第9章　経典通りに配置すると右手が20本、左が21本となってしまう

前章で見たように、唐の初期に翻訳された『千手千眼観世音菩薩広大円満無礙大悲心陀羅尼経』は、問題の多いテキストではあったが、『千手経』と略称され、千手観音信仰の伝播と普及に大きな役割を果たした。

そしてこの経典には、千手観音の四十本の手の印相・持物と、その利益《りやく》を説く「四十手法」が説かれている。その四十手とは、1如意珠手、2羂索手、3宝鉢手、4宝剣手、5跋折羅手、6金剛杵手、7施無畏手、8日精《にっしょう》摩尼手、9月精《がっしょう》摩尼手、10宝弓手、11宝箭手、12楊枝手、13白払《びゃくほつ》手、14胡瓶手、15旁牌手、16斧鉞手、17玉環手、18白《びゃく》蓮華手、19青《しょう》蓮華手、20宝鏡手、21紫蓮華手、22宝篋手、23五色雲手、24軍遅《ぐんじ》手、25紅蓮華手、26宝戟手、27宝螺手、28髑髏杖手、29数珠手、30宝鐸《ほうたく》手、31宝印手、32倶尸鉄鉤手、33錫杖手、34合掌手、35化仏手、36宮殿手、37宝経手、38不退金輪手、39頂上化仏手、40蒲萄手の四十手で、それぞれの印相・持物には、1如意珠には、種々の珍宝資具を授けるといった利益があるとされている（表1）。

なお「四十手法」については、不空訳や『千光眼経』にも、若干異なった説が見られるので、参考のため対照させて示した。これに対してチベット系資料では、前述のナーガールジュナの成就法に四十手法が出るが、その名称と順序は、伽梵達摩訳とほぼ同じであることが分かった。

四十手法には、病気平癒や悪霊退散、怨敵調伏《おんてきちょうぶく》といった現世利益から、輪廻転生の度に仏に巡り会い、速やかに摩頂授記《まちょうじゅき》、すなわち将来の成仏が決定するまでが含まれている。これはまさに、信徒の世俗的な願望を叶えながら、彼らを最終的に菩提へと導くという、観音信仰の面目躍如たるものがある。

これら四十手のうち、8日精摩尼と9月精摩尼、10宝弓と11宝箭のように、対になっている持物は、左右の対称的な手に配されることが多い。また、ともに長物となる26宝戟と33錫杖や、形状が類似する2羂索と29数珠などを、左右の対称的な手に振り分ければ、右手二十本、左手二十本の左右対称な多面広臂像が構成できるはずであった。ところが四十手の中には、両手を使う34合掌手が含まれている。四十手を左右のどちらに振り分けるかは、必ずしも明確でないが、『千光眼経』末尾の偈に従って配置（表1参照）すると、右手が二十本、左手が二十一本となり、左右がアンバランスになってしまう。

そこで日本の流布図像では、臍前で両手を仰向けて禅定印とし、その上に3宝鉢を載せることで左右のアンバランスを解消している。そこで日本の千手観音像は、四十二臂像となること

（表 1）四十手法

伽梵達摩訳	不空訳	『千光眼経』		利　益
1. 如意珠手	31. 如意宝珠手	17. 如意珠手(増)	左	種々の珍宝資具を授ける
2. 羂索手	32. 羂索手	2. 羂索手(息)	左	種々の不安を除く
3. 宝鉢手	33. 宝鉢手	14. 宝鉢手(調)	左	腹中の諸病を除く
4. 宝剣手	15. 宝剣手	11. 宝剣手(調)	右	一切の魑魎鬼神を降伏する
5. 跋折羅手	36. 跋折羅手	9. 跋折羅手(調)	右	一切の天魔神を降伏する
6. 金剛杵手	16. 金剛杵手	10. 金剛杵手(調)	左	一切の怨敵を摧伏する
7. 施無畏手	2. 施無畏手	3. 施無畏手(息)	右	一切の怖畏不安を除く
8. 日精摩尼手	3. 日精摩尼手	15. 日摩尼手(調)	左	眼闇無光明を除く
9. 月精摩尼手	4. 月精摩尼手	16. 月摩尼手(調)	右	熱毒病を除き清涼を与える
10. 宝弓手	5. 宝弓手	18. 宝弓手(増)	左	栄官益職を授ける
11. 宝箭手	6. 宝箭手	37. 宝箭手(鉤)	右	善き朋友に逢わせる
12. 楊枝手	8. 楊柳枝手	8. 楊柳手(息)	右	身上の種々の病を除く
13. 白払手	9. 白払手	4. 白払手(息)	左	身上の悪障難を除く
14. 胡瓶手	10. 宝瓶手	29. 胡瓶手(敬)	右	善い眷属を授ける
15. 旁牌手	11. 傍牌手	5. 搒牌手(息)	左	一切の悪獣を辟除する

16. 斧鉞手	12. 鉞斧手	6. 鉞斧手(息)	右	一切時処によく官難を離れる
17. 玉環手	34. 玉環手	28. 玉環手(敬)	左	男女の僕使者を授ける
18. 白蓮華手	19. 白蓮華手	20. 白蓮手(増)	左	種々の功徳を授ける
19. 青蓮華手	20. 青蓮華手	21. 青蓮手(増)	右	十方の浄土に往生させる
20. 宝鏡手	23. 宝鏡手	26. 宝鏡手(敬)	左	大智慧を授ける
21. 紫蓮華手	21. 紫蓮華手	23. 紫蓮手(増)	右	十方一切の諸仏に面見させる
22. 宝篋手	27. 宝篋手	38. 宝篋手(鉤)	左	地中の伏蔵を授ける
23. 五色雲手	28. 五色雲手	40. 五色雲手(鉤)	右	仙道を成就させる
24. 軍遅手	7. 軍持手	30. 軍持手(敬)	左	梵天界に生まれる
25. 紅蓮華手	22. 紅蓮華手	31. 紅蓮手(敬)	左	諸の天宮に往生する
26. 宝戟手	29. 宝戟手	7. 戟矟手(息)	左	他方の逆賊を辟除する
27. 宝螺手	30. 宝螺手	36. 宝螺手(鉤)	左	一切の諸天善神を召集する
28. 髑髏杖手	13. 髑髏宝杖手	39. 髑髏手(鉤)	右	一切の鬼神を意のままにする
29. 数珠手	14. 数珠手	35. 数珠手(鉤)	右	十方諸仏が来たりて手を授ける
30. 宝鐸手	35. 宝鐸手	22. 宝鐸手(増)	左	一切上妙の梵音声を成就する
31. 宝印手	24. 宝印手	27. 宝印手(敬)	右	弁舌巧妙を授ける

32. 倶尸鉄鉤手	17. 倶尸鉄鉤手	33. 鉄鉤手(鉤)	左	善神龍王が来たりて擁護する
33. 錫杖手	18. 錫杖手	32. 錫杖手(敬)	右	一切衆生を慈悲覆護する
34. 合掌手	26. 合掌手	25. 蓮華合掌手(敬)	両	一切衆生が常に恭敬愛念する
35. 化仏手	37. 化仏手	1. 化仏手(息)	左	生生に諸仏の辺を離れない
36. 宮殿手	38. 宮殿手	12. 宮殿手(調)	左	常に仏宮殿中にあり胎生しない
37. 宝経手	39. 宝経手	19. 宝経手(増)	右	多聞広学を授ける
38. 不退金輪手	40. 不退転金輪手	13. 金輪手(調)	右	菩提から常に退転しない
39. 頂上化仏手	25. 頂上化仏手	34. 頂上化仏手(鉤)	右	十方諸仏が来たりて授記を授ける
40. 蒲萄手	41. 蒲桃手	24. 蒲桃手(増)	右	諸の果実穀物を授ける
	1. 甘露手			

が多い。なお彫刻では、持物は本体とは別に制作して持たせるため、しばしば失われて後補作と入れ替わり、当初の持物が分からなくなってしまう。しかし三十三間堂の千体千手観音は、統一的な規格で制作され、失われた持物も、相互の比較から容易に復元できるので、四十二臂像の典型例として、千体千手観音の四十二臂の配置を次頁の図の上に示した。

写真24：国宝　本尊十一面千手千眼観世音菩薩像（葛井寺所蔵、東京国立博物館「仁和寺と御室派のみほとけ展」より）

いっぽう不空訳では、四十手法に甘露手、つまり前章で見た菩提流志訳に出る餓鬼の飢渇を潤す与願印を加えた四十一手が説かれる。これは右手を一本加えることで、左右のアンバランスの解消を図ったものと思われる。

これに対して葛井寺本尊像（写真24）は、一千一本の小脇手を除くと四十臂となるが、禅定印の手がない。合掌手を除く大脇手は、左右共に前列六本、中列六本、後列七本で配置され、中列左右の最上手は掌を仰向けるだけで、何も持っていないが、

千手観音（三十三間堂千体像）

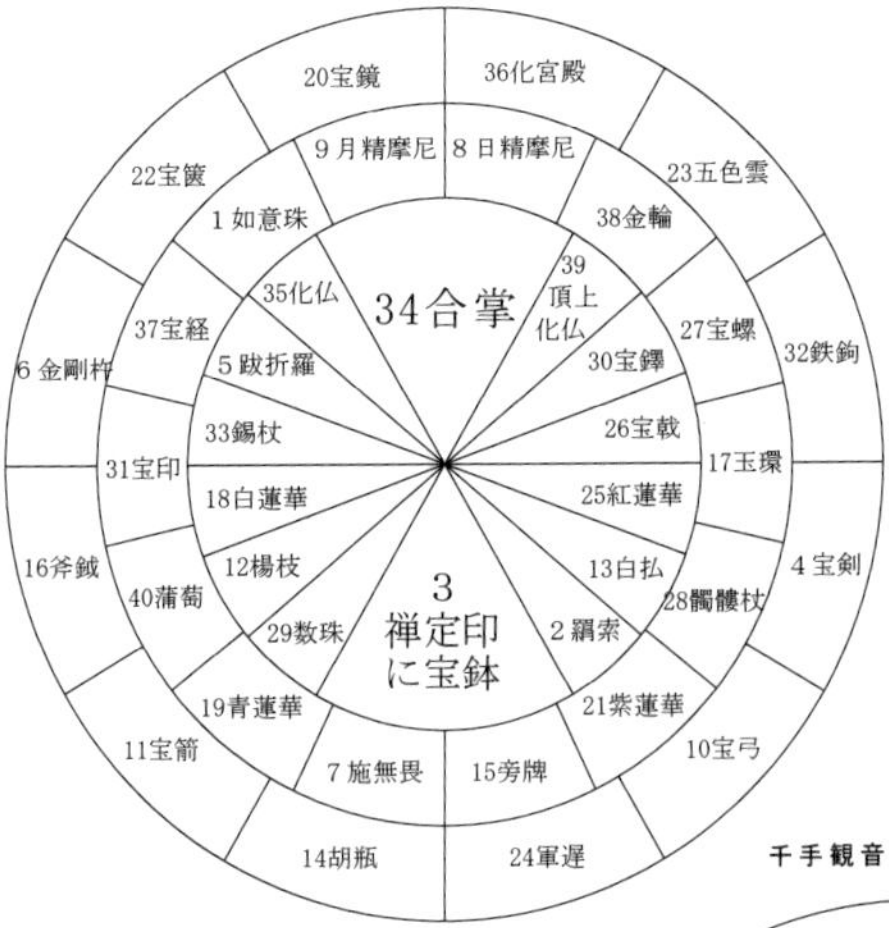

千手観音（葛井寺本尊）

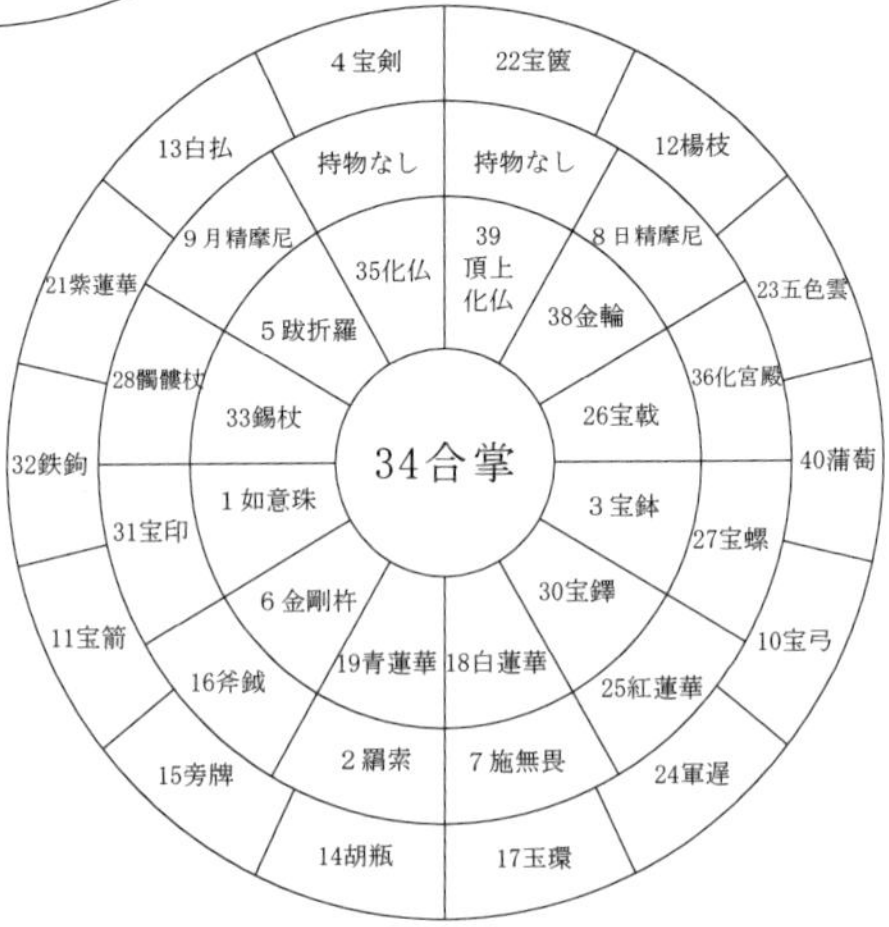

現状では20宝鏡、29数珠、37宝経の三手がない。

本来はこの手で、35化仏と39頂上化仏を捧持していたと思われる。

葛井寺像に「四十手法」の印相・持物を当てはめると、現状では20宝鏡、29数珠、37宝経の三種の持物がない（前頁図の下）。つまり空いている手は二本なのに、余っている持物は三種となるが、これは『千手経』所説の四十手に、合掌手が含まれるからである。

この点は、すでに指摘されているが、葛井寺像の合掌手は、両手の掌を合わせた金剛合掌ではなく、両掌の間に隙間がある虚心《こしん》合掌になっている。そこでこの両掌の間に1如意珠を挟んでいたのなら、禅定印のない四十臂に、四十の印相・持物を振り分けることができる。なお現状では、右手前列に1如意珠手があるが、この持物は明らかに後補である。

千手観音の合掌手の間に宝珠を挟むのは、チベット・ネパール系の千手観音では通例である。また千手観音ではないが、葛井寺像と、ほぼ同時期に制作された東大寺法華堂の不空羂索観音は、現在も合掌手の間に水晶を挟んでいる。『千手経』では、「四十手法」の冒頭に如意珠手を挙げるように、衆生の願いを叶える如意珠は、千手観音の持物の中でも、重要なものと考えられていた。したがってこの仮説には、十分な説得力があると思われる。

いっぽう千手観音の霊場として名高い京都清水寺には、左右の手を高く掲げ、その上に39頂上化仏を載せる十一面四十二臂像が祀られている。なお清水寺本尊像は三十三年に一度しか開帳されない秘仏のため、その姿を見ることができないが、厨子の前に安置される前立本尊が、秘仏本尊と同じ図像であるといわれる。このスタイルの千手観音は、全国各地に分布する「清水寺」や、他の千手観音像にも、しばしば見られるので、「清水寺型」あるいは「清水寺式」と呼ばれる。

なお39頂上化仏を両手で捧持すると、さらにもう一本の手が必要になるが、前立本尊を見る限りでは、35化仏手と39頂上化仏手を統合することで、四十二臂で四十手の印相・持物を完具していると思われる。

本章では、『千手経』所説の「四十手法」を中心に、日本における千手観音像の手臂の配置について、簡単に見てきた。なお四十手にはない禅定印が千手観音に取り入れられた経緯については本書第11章で、中国やシルクロード地域の千手観音については第12章、チベット・ネパール系の作例については第13章で詳しく見ることにしたい。

第10章　謎の千手観音儀軌『摂無礙経』

本書第8章では、漢訳・チベット訳の『大蔵経』に収録される千手観音関係の経典・儀軌類を簡単に紹介したが、その中でも不空訳『摂無礙大悲心大陀羅尼経計一法中出無量義南方満願補陀落海会五部諸尊等弘誓力方位及威儀形色執持三摩耶幖幟曼荼羅儀軌』、通称『摂無礙経』あるいは『補陀落海会軌』は謎の多い経典である。

弘法大師空海が晩年に構想した東寺講堂諸尊は、五智如来・五大菩薩・五大明王・梵天・帝釈天・四天王の二十一尊からなり、空海請来の「仁王経五方諸尊図」などに基づく一大立体曼荼羅であった。中央の五智如来（自性《じしょう》輪身）は、柔和な姿で衆生を教化する時は五大菩薩（正《しょう》法《ぼう》輪身）となり、仏教に敵対する悪しき者を調伏する場合は、忿怒の形相著しい五大明王（教《きょう》令《りょう》輪身）に変身する。これを三輪身《さんりんじん》という。

これまでの学界では、空海が唐で、師の恵果《けいか》の講義を筆録したとされる『秘蔵記』と、それと内容的に関連する『摂無礙経』に、三輪身説の萌芽が見られるところから、空海は三輪身説

写真25：『摂無礙経』所説の千手観音図像

を知っていたとされてきた。高田修、石田尚豊《ひさとよ》などの美術史家は、東寺講堂諸尊は、このような三輪身説に基づいて構想されたと考えていた。

ところが最近、宗門系の密教学者の間で、空海は三輪身説に基づいて東寺講堂諸尊を構想したのではないとの説が現れた。三輪身説が日本撰述の仏典に明確に説かれるのは平安後期以後であり、その萌芽的記述が見られる『秘蔵記』や『摂無礙経』も、空海の『御請来目録』に収録されていなかったからである。

いっぽう図像学的には、石田尚豊によって『摂無礙経』所説の千手観音曼荼羅の中核を構成する九尊のうち、現図の蓮華部院と重複する四尊を除いた五尊が、恵果が空海に授けた現図胎蔵界曼荼羅虚空蔵院の千手観音とその周囲に配されたことが解明された。

そこで、『摂無礙経』所説の千手観音の図像を見ることにしよう。『摂無礙経』では、千手観

千手観音（『摂無礙経』）

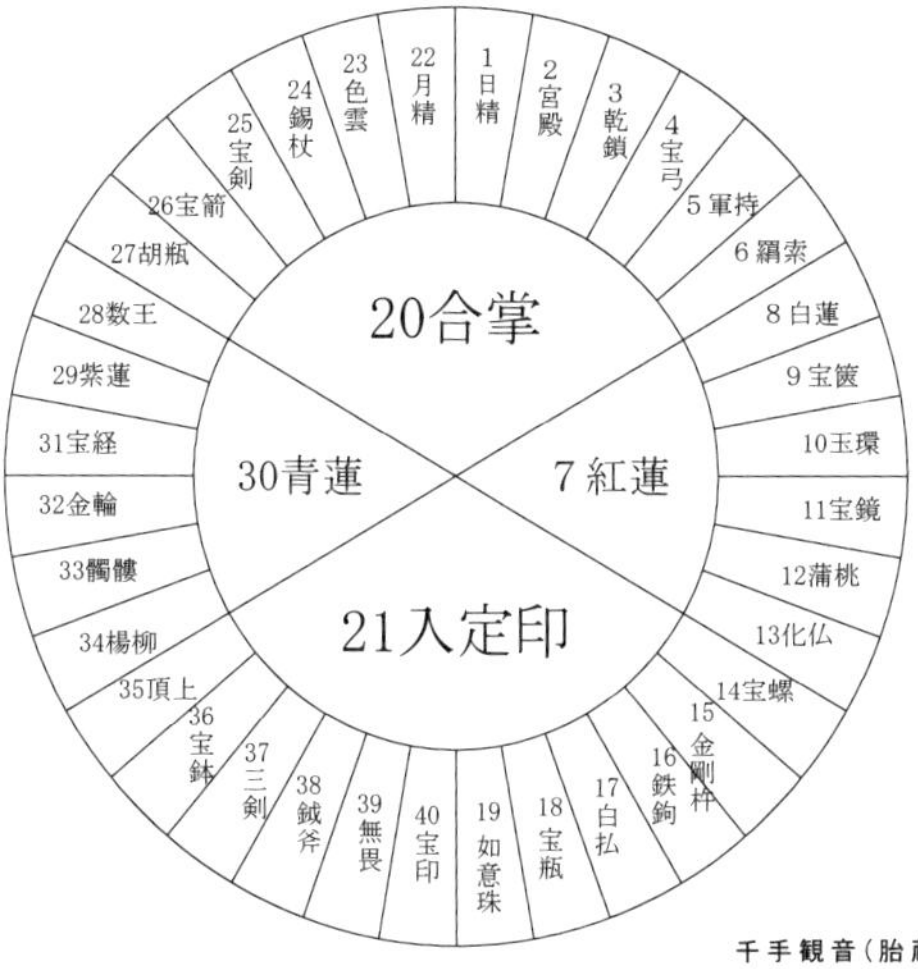

千手観音（胎蔵界曼荼羅）

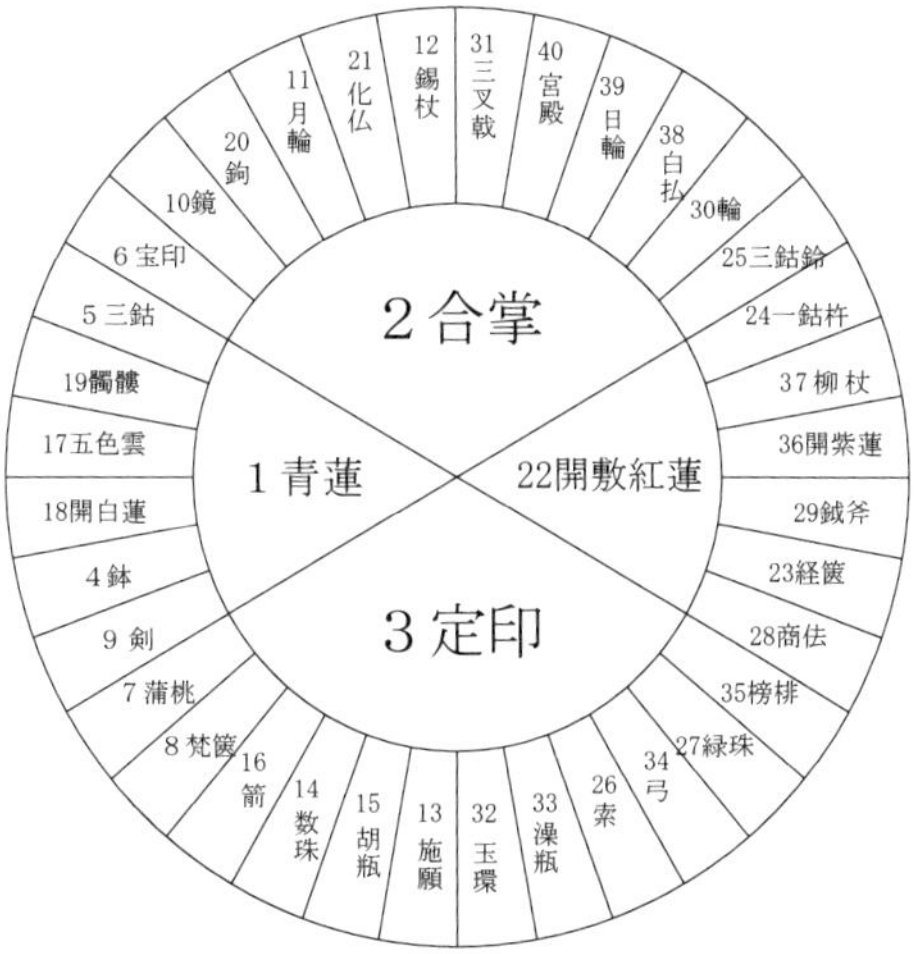

音に左右各十九本の印相・持物を持つ手があり、その他に両手で蓮華合掌と禅定印を結ぶから、全体では四十二臂となる（前頁図と写真25）。

図では、『摂無礙経』所説の千手観音の四十二臂を上、それと比較的よく一致する胎蔵界曼荼羅の千手観音を下に配している。なお胎蔵界曼荼羅の千手観音の図像は、平安時代に真寂《しんじゃく》法親王が著した『諸説不同記』の「現図」の図像を採用した。千手観音の印相・持物については、『摂無礙経』と『諸説不同記』の名称が相違しているので分かりにくいが、四十二手のうち四十手までが一致する。

ところがその配置に関しては、両者の間で相違が著しく、『摂無礙経』で右手の持物だったものが左手に移動したり、その逆の例もある。また『千手経』と実作例の間にもあったように、三叉戟と錫杖といった長物を、左右の対称的な手に持たせるなど、画面の左右対称を維持しようとの意図も窺える。

また『摂無礙経』では、単に「理智入定印」つまり左右手で禅定印を結ぶとしか説いていないのに、現図曼荼羅では、これが妙観察智印、つまり弥陀定印となっているのも注目される。なおこの問題については、次章で詳しく考察することにする。

さらに『摂無礙経』は、千手観音の面数も、通常の十一面ではなく五百面をもち、各面の左右の目で合計千眼をもつと説いている。このような図像は、絵画・彫刻で表現することが困難だったので、実作例では、胎蔵界曼荼羅のように二十七面で表現することが多い。

また日本の流布図像とは異なり、本面の左右にも菩薩面と瞋《しん》怒《ぬ》面が配されるので、このタイプの二十七面四十二臂像を、「三面千手」と通称する。

三面千手の作例としては、京都法性《ほっしょう》寺の千手観音像、福井県小浜市妙楽寺本尊像などが有名である。このうち妙楽寺像は、平安時代としては珍しく、無数の与願印の小脇手を配し、真数千手を目指した造像であることも注目される。

なおこれら三面千手の作例を検討すると、『摂無礙経』では右手に35頂上、左手に13化仏と、『千手経』と同じく二体の化仏を捧持するように説かれるが、現図曼荼羅では、右に21化仏手があるのみである。これに対して実作例では、法性寺、妙楽寺ともに左右に化仏と頂上化仏を捧持している。

前述のように、彫像の持物はしばしば失われて後補に置き換えられるため、これが当初からの配置だったのかは分からない。しかし三面千手像でも、典拠となった『摂無礙経』や現図曼荼羅を参照して印相・持物を定めたとは思われないケースがある。

このように『摂無礙経』は、その成立に疑問がもたれてきた。そこに三輪身説など、中国密教が成熟してから現れた思想が説かれることから、実際に不空が訳した可能性は否定されている。しかし恵果が空海に授けた現図胎蔵界曼荼羅が、その図像を参照している以上、恵果の晩年には、何らかの形で存在していたと考えざるをえない。そして『摂無礙経』は、現図胎蔵界曼荼羅を通じて日本の仏教図像にも一定の影響を及ぼし、「三面千手」という異像を成立させた。しかしその影響力は、『千手経』の四十手法には、遠く及ばなかったのである。

第11章　どうして立っているのに禅定印を結んでいるのか？

千手観音の図像を考える上で問題となるのは、禅定印の存在である。本書第9章で見たように、『千手経』の「四十手法」には禅定手が含まれない。しかし経典通りに配置すると右手が二十本、左が二十一本となってしまうため、禅定印の上に鉢を載せた四十二臂像が一般化した。また経典では、菩提流志訳『千手千眼観世音菩薩姥陀羅尼身経』と『摂無礙経』に禅定印が説かれるが、『姥陀羅尼身経』には宝鉢の記述はなく、『摂無礙経』では、宝鉢手が禅定印とは別に説かれている。これに対して『千光眼経』は、両手で宝鉢を持つと説くが、禅定印の上に載せるとは説いていない。

日本の千手観音は立像の作例が圧倒的に多いが、立像が禅定印を結ぶと、立ったまま坐禅をしていることになり、不自然である。そこで本章では、千手観音の禅定印の問題を取り上げることにしたい。

結論からいうと、問題を解く鍵は、不空訳『金剛頂瑜伽千手千眼観自在菩薩修行儀軌経』にある。同経は金剛界曼荼羅を説く『金剛頂経』系の千手観音の儀軌だが、不思議なことに千手観音の図像を説いていない。どうして図像的記述のない儀軌が、千手観音の禅定印の謎を解く鍵となるのだろうか？　本章ではこの問題を中心に、『金剛頂経』系の千手観音について考えてみたい。

『初会金剛頂経』は、金剛界曼荼羅を説く経典として有名だが、変化観音は第三章「遍調伏《へんちょうぶく》品《ぼん》」の主題になっている。中国に『金剛頂経』系の密教を本格的に紹介した不空（七〇五～七七四）は、『初会金剛頂経』の第一章である「金剛界品」の前半のみを訳し、「遍調伏品」を訳さなかった。「遍調伏品」を含む全訳は、北宋の施護《せご》（九八〇年来朝）を待たねばならなかった。

いっぽうチベットでも『チベット大蔵経』に収録される『初会金剛頂経』は、リンチェンサンポ（九五八～一〇五五）訳であった。そこで『初会金剛頂経』全体の完成は、九世紀まで下がると考える研究者もいた。ところが私は、前述の『金剛頂瑜伽千手千眼観自在菩薩修行儀軌経』と敦煌出土のチベット語密教文献の比較から、不空は「金剛界品」だけでなく「遍調伏品」の内容も知っており、吐蕃占領期の敦煌（八世紀末～九世紀半）では、「遍調伏品」を含む『初会金剛頂経』全体が知られていたと推定した。

私の考えは、なかなか学界の賛同を得られなかったが、二〇〇三年に中国から幻の経録とされていた『パンタンマ目録』が刊行され、『初会金剛頂経』の完訳は吐蕃の末年（九世紀半）までに完成しており、リンチェンサンポは、従来の訳を改訂したに過ぎないことが分かった。

「遍調伏品」では、金剛界曼荼羅を構成する金剛界三十七尊が、すべて変化観音となった遍調伏大曼荼羅が説かれる（写真26と次々頁図参照）。

『チベット大蔵経』には、『初会金剛頂経』だけでなく、アーナンダガルバの『初会金剛頂経釈』とシャーキャミトラの『初会金剛頂経疏』という二つの大註釈が収録されている。これらの文献によると、遍調伏大曼荼羅では、金剛界曼荼羅の金剛宝菩薩の位置に毘倶胝《びぐち》菩薩、金剛笑の位置に十一面観音、金剛法の位置に多羅菩薩、金剛因の位置に青頸《しょうきょう》観音（本書第17章参照）、金剛鉤《こう》の位置に馬頭観音、金剛索の位置に不空羂索観音というように、種々の変化観音や観音の化身とされる女性尊が配されている。

『初会金剛頂経』（§一五〇一）によれば、遍調伏大曼荼羅が現れた時、金剛界曼荼羅の形状に居並んだ変化観音たちは、「大悲を体とする一切如来の方便は稀有である。そこにおいては［仏菩薩も］方便力によって神々の姿となる」という感興詩（ウダーナ）を唱えたとされる。

遍調伏大曼荼羅では、金剛界曼荼羅の金剛光に対応する蓮華日はヒンドゥー教の太陽神スーリヤ（日天）、金剛幢《どう》に対応する蓮華幢は月の神チャンドラ（月天）、阿弥陀如来に対応する蓮《れん》華三摩地《げさんまじ》はインドラ（帝釈天）、金剛利に対応する蓮華童子は戦争の神サナトクマーラ（童子

写真26：遍調伏大曼荼羅

天）、金剛因に対応する蓮華青頸はヴィシュヌ（毘紐天）、金剛語に対応する蓮華語はブラフマー（梵天）、不空成就如来に対応する蓮華不空自在はマハーデーヴァ（大自在天）、金剛業《ごう》に対応する蓮華舞自在は踊るシヴァ神ナルテーシュヴァラ（舞自在）、金剛索に対応する不空羂索はパシュパティというように、ヒンドゥー教神の姿をとる変化観音が、金剛界曼荼羅のパターンに配されている。

つまり遍調伏曼荼羅は、様々な神々の姿をとる変化観音からなる曼荼羅なのである。本書第4章で見た、観音がヒンドゥー教神の姿をとって衆生を救済するという観念が、『初会金剛頂経』に継承されたことが確認できる。

なお『初会金剛頂経』「遍調伏品」は、諸尊の尊名と真言のみで、変化観音一々の尊容を説

遍調伏大曼荼羅

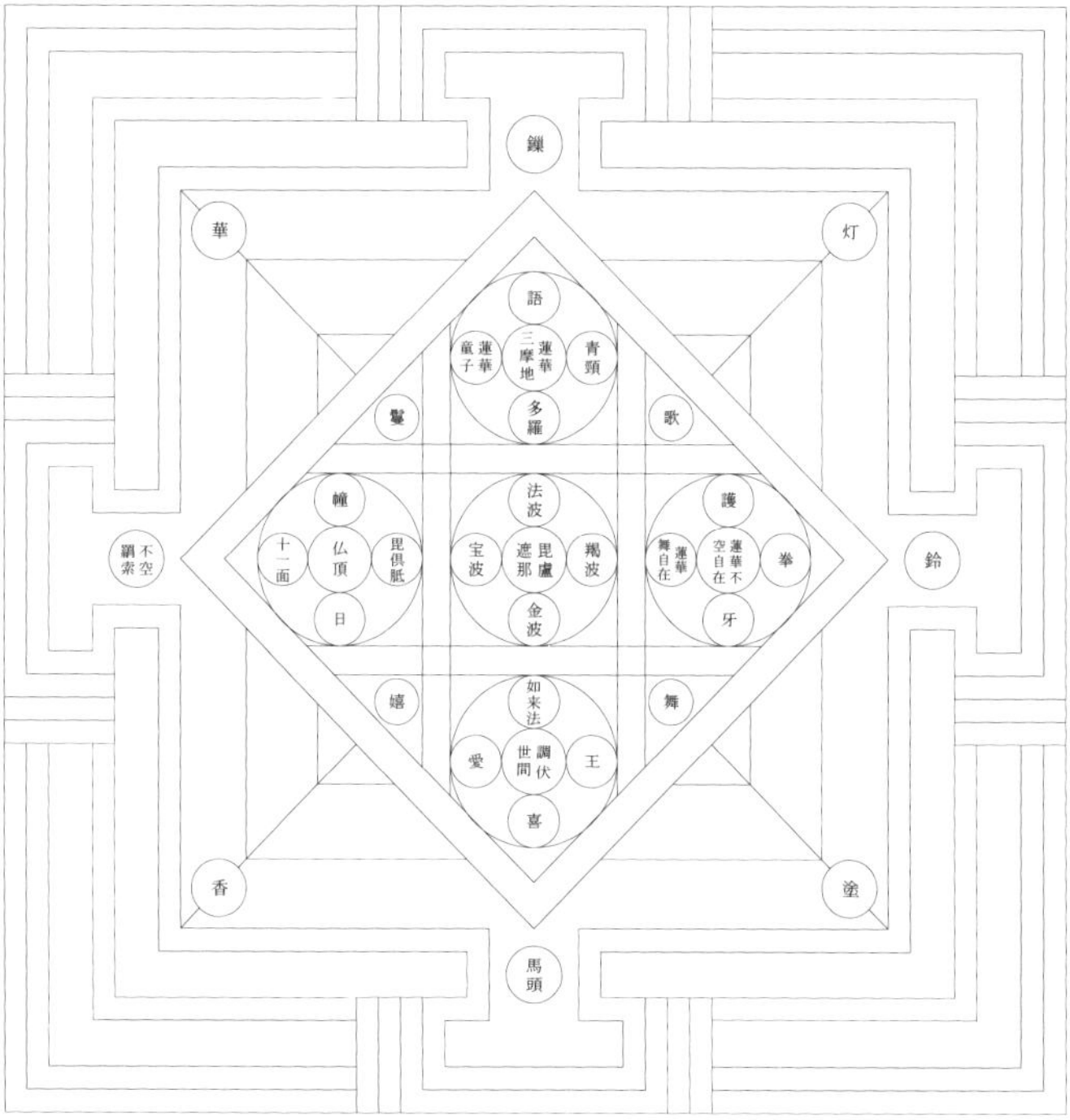

変化観音と神々の対応関係

如来法＝釈迦牟尼
蓮華日＝スーリヤ（日天）
蓮華幢＝チャンドラ（月天）
蓮華三摩地＝インドラ（帝釈天）
蓮華童子＝クマーラ（童子天）
蓮華青頸＝ヴィシュヌ（毘紐天）
蓮華語＝ブラフマー（梵天）
蓮華不空自在＝マハーデーヴァ（大自在天）
蓮華舞自在＝ナルテーシュヴァラ（舞自在）
不空羂索＝パシュパティ

かないが、前述の二つの註釈には変化観音の図像が略述されている。

このうち千手観音に対応するのは、神々の王者インドラ（帝釈天）の姿をとる蓮華三摩地尊で、金剛界曼荼羅では阿弥陀如来が描かれる西輪の中央に座を占めている。この蓮華三摩地に関しては、シャーキャミトラ疏には「同様にして第三（西）の曼荼羅の中央に、禅定に入っている世自在（蓮華三摩地）を作れ」とあるだけで、詳細な記述が見られない。いっぽうアーナンダガルバ釈は、「蓮華三摩地はインドラの姿で千眼を有し、身色は赤色で最勝三摩地印を結び、その左手で金剛蓮華を持つ」と規定している。

さらに『初会金剛頂経』の釈タントラ（根本タントラの内容を解説する密教聖典）『金剛頂大秘密瑜伽タントラ』では、「西の曼荼羅に、金剛の歩みをもって赴き、その中央に大薩埵、阿弥陀（蓮華三摩地）を建立せよ。大蓮華をよく与う、蓮華舞自在の尊主なり。千の御目と御手を具し、一切の印と持物を具えたり。よき十二の面を備え、蓮華の女尊を眷属となし、十波羅蜜を完具せり。眷属衆の中に遊戯せり」と、十二面千手千眼像が説かれている。

このように千手観音が、インドラ（帝釈天）の姿をとるとされたのには理由がある。インドでは、インドラは千の目をもつ者（サハスラネートラ）と呼ばれる。かつてインドラは好色で、淫行の報いとして身体に一千の女陰が現れた。そこで一念発起して修行に励んだところ、一千の女陰は開眼して千眼になったといわれる。そこでインドラの姿をとる観音（帝釈天相）も、千眼をもつようになり、それが千手千眼観音と結びつけられたのである。

そしてインドラの姿をとる観音は、遍調伏大曼荼羅では蓮華部の本来の住処である西輪の中心、阿弥陀如来の位置に描かれていた。金剛界曼荼羅の阿弥陀如来は、両手で禅定印（弥陀《みだ》定印《じょういん》）を結んでいる。そこでインドラの姿をとる千眼の蓮華三摩地尊も、禅定印を結ぶようになったのである。そしてアーナンダガルバ釈では、蓮華三摩地の印が最勝三摩地印、つまり通常の禅定印ではなく、弥陀定印であると明記されている。

なお胎蔵曼荼羅の虚空蔵院に描かれる千手観音は、通常の禅定印ではなく、弥陀定印で描かれる。これは蓮華部の帝王として、インドラの姿をとる千眼の観音であることを示すとともに、蓮華部の部主である阿弥陀如来の姿が重ね合わされているのである。

前述のように、不空の『金剛頂瑜伽千手千眼観自在菩薩修行儀軌経』は、『金剛頂経』「遍調伏品」に一致する金剛界系の文献で、千手観音の儀軌の発展した姿を示すにもかかわらず、千手観音の図像を説いていない。これは「遍調伏品」やその釈タントラ類が、千手観音の図像を詳説しなかったからだと考えられる。したがって不空は、他の儀軌に説かれる四十二臂像を、このテキストに適用し、千手観音の修法を行ったと思われる。

ところが日本では、千手観音像に立像が多いため、立っているのに坐禅をしているという、不自然な図像が流布することになった。

なお日本では、千手観音の宝鉢は通常の禅定印、つまり法界定印《ほっかいじょういん》の上に載せるのが通例である。これに対して弥陀定印を結ぶ図像は、胎蔵界曼荼羅虚空蔵院の千手観音以外にはあまり見られない。胎蔵界曼荼羅と関係の深い三面千手でさえ、禅定印は法界定印が普通である。

これに対して東大寺四月堂の千手観音像（平安時代。現在は東大寺ミュージアム）は、通常の四十二臂像でありながら、弥陀定印の上に宝鉢を載せている。地方にも同様の作例があるため、仏師が仏教図像をよく知らず、誤って弥陀定印にしたのではないかと言われてきたが、本章で行った考察を踏まえれば、むしろこの方が正しいともいえるのである。

第12章　中国内地・シルクロード地域の千手観音

本書第5章で見たように、仏教の故国インドからは、多面広臂の観音像は出土しても、いまだ明確に千手観音と同定できる作品が発見されていない。そこで本章では、中国内地とシルクロード地域に遺された作品から、千手観音のルーツを探ることにしたい。

シルクロード地域に遺された千手観音としては、敦煌と周辺地域の作品が最も多く、大英博物館所蔵のスタイン・コレクション、ギメ東洋美術館所蔵のペリオ・コレクション、敦煌莫高《ばっこう》窟《くつ》、安西（現瓜州）楡林《ゆりん》窟に遺された作例を合計すると三十点ほどになる。またその年代も唐の中頃からモンゴル帝国時代に及び、各時代の作品を見ることができる。これに対して、シルクロードのオアシス都市カラホトから出土した十一面八臂観音像（エルミタージュ美術館所蔵）は、チベットのラクシュミー流に近いので、次章で扱うことにする。

いっぽう中国内地四川省の複数の遺跡からも、唐から南宋にかけての千手観音が、三十点ほど発見された。しかし保存状態が悪い作例が多い。

写真 27：千手観音像（丹棱鄭山）

写真 28：千手観音像（丹棱劉嘴）

その中では丹棱鄭山《たんりょうていざん》第40号龕像（八世紀）が出色の作品で、周囲に二十八部衆のような眷属を伴っていることも注目される。ただし顔面や脇手が損傷しており、図像が明確に判別できないのが惜しまれる（写真27）。また鄭山の対岸にある劉嘴《りゅうし》にも、唐代の千手観音が二体見られるが、保存状態が悪い（写真28）。大足宝頂山第8号磨崖仏は、南宋まで下がる作品であるが、像の周囲に無数の脇手が配され、圧倒的な迫力をもつ作品である。またこの作品は、法界《ほっかい》定印《じょういん》と弥陀定印に似たものと二種の禅定印を兼ね備えているのが珍しい。

羅翠恂氏は、南宋時代に四川で制作された千手観音の巨像と、梁の武帝が創始した大規模な施食法会、水陸会《すいりくえ》との関係を論じている。水陸会には多くの鬼神が招かれるので、本書後半で扱う二十八部衆とも関連して興味深いが、水陸会の本尊が必ずしも千手観音に限定されない点に疑問が残る。

四川の石窟や磨崖仏は、損傷により持物印相が明確に判別できないものが多いので、中国における千手観音を知るためには、保存状態がよく、良好な写真が入手できる敦煌出土の大英博物館像（スタイン番号 Ch.lvi.0019 ＝写真29）と、ギメ美術館像（MG17775）を中心に、紹介することにしたい（次頁図参照）。

写真29：千手観音像（敦煌出土、大英博物館所蔵、）

両者は同じ千仏洞の蔵経洞で発見され、大

千手観音（ギメ美術館MG17775）

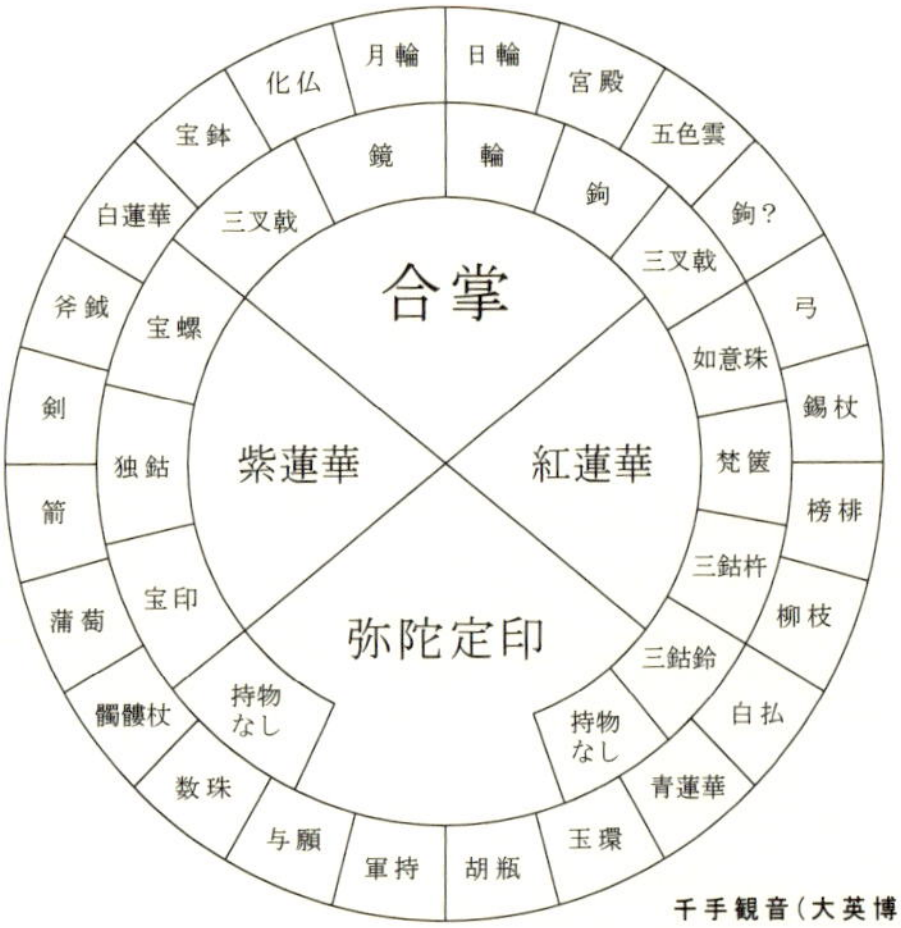

千手観音（大英博スタインCh.lvi.0019）

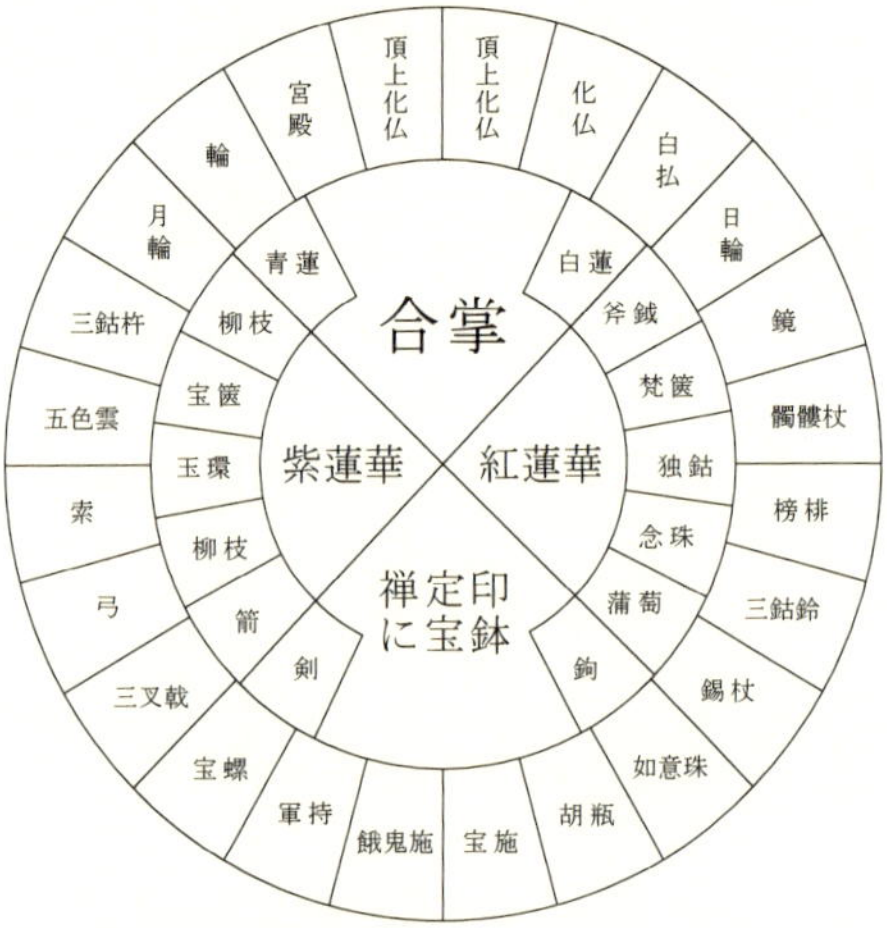

英博物館像が晩唐、ギメ美術館像が五代と、時代的にも近接している。また両者ともに四十四臂の坐像であるにもかかわらず、図のように図像的な差異が大きい。

またギメ美術館像は、右手よりも左手の臂数が多くなっている。これは右手の三叉戟と対称的な位置に、本来ならば錫杖（逆の場合が多い）を描かなければならなかったのに、左右のバランスを取るため、もう一つ三叉戟を描き足したためと思われる。このように敦煌を見る限り、中国における千手観音は、経典の所説を、日本ほど厳密には守っていなかったと思われる。

写真 30：千手観音立像（ギメ美術館所蔵、©Musée Guimet）

いっぽう大英博物館像では、左右の最上手を、頭上の阿弥陀如来の仏頂面を包み込むように描いて、頂上化仏手としている。なおこのような頂上化仏手は、後述の他作例にも見ることができる。日本では化仏手と頂上化仏手を、左右の手に振り分けることが多いが、これが本来の頂上化仏手だったと思われる。
このように中国で唐から宋にかけて制作された千手観音は、坐像の作例が多い。これは立像の作例が圧倒的に多い日本と、好対照を

写真31：千手観音像（青州博物館所蔵）

なしている。

これに対して、私が古作の立像として注目しているのは、ギメ美術館が所蔵する木彫の千手観音立像（写真30）である。この作品は、創設者のエミール・ギメが中国で購入したものだが、長らく倉庫の片隅で忘れ去られていた。それをジャック・ジエス主任学芸員（当時）が修復し、中国彫刻室に展示されるようになった。私は二〇〇二年に本作品が展示されたことを知り、ジエス氏に頼んで、特別に開館前に入れてもらい、じっくりと作品を調査したことがある。

中国の千手観音は、坐像では禅定印が一般的だが、立像で禅定印を結ぶ例は少ない。ところが本作品は、立像でありながら禅定印を結んでおり、日本の流布図像に近い表現となっている。また本面の左右と背後に顔をつけた四面像で、頭上には阿弥陀化仏を戴いている。

正大手は四十二本で、これも日本に多いスタイルである。残念ながら持物の大半を失っているが、手勢から化仏と頂上化仏を頂いていたと思われる二手がある。さらにその外側には無数の与願印の脇手が放射状に配されており、真数千手となっている。ギメ美術館では五代から北宋の作としているが、私は晩唐から五代まで上げられると考えている。

かつて日本から唐に渡った遣唐使や留学僧は、中国で多数の千手観音、しかも木彫の立像を目撃したと思われる。それがわが国における千手観音立像の流行をもたらしたと思われるが、残念ながら唐時代の千手観音立像は、ほとんど遺されていない。ギメ美術館像は、日本の千手観音のルーツを考える上でも、貴重な作品といえる。

写真32：西安・大興善寺における千手観音像の制作現場

さらに私は、山東省青州博物館の千手観音像に注目している。この作品は、一九九六年に龍興寺遺址から出土した仏像群で有名な青州博物館の中にあって、ほとんど観光客が訪れない一般展示室にひっそりと展示されている（写真31）。現状では三十六臂が残存しているが、ギメ美術館像と同じく、立像ながら禅定印を結んでいる。
また大英博物館像と同じく、左右の手を頭上の阿弥陀如来の仏頂面を包み込むように上げて、頂上化仏手としている。年代的には明まで下がるといわれるが、同時期の他作例に比して古い要素を保っており、何らかの古典的名作に範をとって制作されたように思われる。

なお中国では、現在も千手観音像が制作されている。一九八九年には西安の大興善寺で、千手観音像の制作を見学することができた（写真32）。無数の与願印の脇手を釘で打ち付けて円形の光背とし、頭部や胴体・正大手などを別に作って後で組み立てるという工法で、現代中国の千手観音像は、彫刻というより大工仕事に近いという印象をもった。

なお大興善寺は、不空三蔵ゆかりの中国密教の名刹だが、千手観音の頭上面の配置には、チベットのラクシュミー流（次章参照）の影響が見られた。このように元・明・清の三代に亘って、チベット仏教の影響を受けた中国では、内地の漢族寺院にも、チベット系の仏教図像の影響が見られるのである。

第13章　ソンツェンガムポ王と謎の尼僧ラクシュミー

前章で見たように、中国では唐時代に千手観音が伝来し、現在に至るまで多数の像が制作されている。しかし唐末の『千光眼経』以後、インドから新たな千手観音の経軌が伝来することはなかった。

そしてモンゴル帝国時代にチベット仏教が導入されると、元・明・清の三代に亘って、チベット仏教系の十一面・千手観音が伝播した。そのため中国内地の漢民族寺院でも、チベットの影響を受けた十一面・千手観音像が制作されるようになっている。

これまでわが国では、ネパールにサンスクリット原典が伝えられた『サーダナマーラー』（成就法鬘）によって、インドの変化観音を研究することはあっても、チベット系の資料や文献に基づいて変化観音を研究する者は、私以外、ほとんどいなかった。とくに千手観音は、『サーダナマーラー』に説かれていなかったので、チベット系資料の重要性が看過されていたといっても過言ではない。

そこで本章では、チベット仏教における千手観音の図像と伝承を、ソンツェンガムポ王流とラクシュミー流の二大流派を中心に紹介することにしたい。

①ソンツェンガムポ王流

チベットに十一面・千手観音が伝播した経緯については、チベット仏教サキャ派の教主ラマダムパ・スーナムギェンツェン（一三一二～一三七五）が著した仏教史書『王統明示鏡』（ギェルラプ・セルウェー・メロン）に詳しく説かれている。

本書第3章にも登場した吐蕃《とばん》のソンツェンガムポ王はインドに使者を遣わし、自らの念持仏として栴檀《せんだん》製のカサルパナ観音の像を取り寄せた。なおカサルパナとは、当時東インドにあった観音の霊場で、そこに祀られた観音の霊像をカサルパナ観音という。またそのスタイルを模したカサルパナ観音が、中国・日本に伝播して水月《すいげつ》観音になったといわれる。

そして王は、各国から仏師を集めて十一面観音像を造立させ、インドから請来したカサルパナ観音を、その胎内に納入した。この霊像は、仏師が制作したのではなく自然にできたもの（ランジュン）で、胎内にはインドから請来した王の念持仏が納入された。そしてソンツェンガムポ王が死去した時、王自身とティツゥン、文成公主という二人の妃も、この像内に溶融したと伝えられることから、「ランジュンガデン」（五要素からなる自然成仏像）と呼ばれ、稀代の霊像と崇められた。

この観音像は、チベット仏教の総本山チョカン（大昭寺）に安置されていたが、残念ながら文化大革命中に破壊されてしまった。この時破壊された観音像の破片は、チベット難民によってダラムサラ（ダライラマ十四世の亡命先）に搬出され、チベット図書館（ペンズーカン）に陳列されている。なお現在チョカンに安置される「ランジュンガデン」は、文化大革命後の復興像である。

この「ランジュンガデン」は、観音の化身とされたソンツェンガムポ王ゆかりの霊像であったため、『王統明示鏡』には、その姿が詳細に記述されている。それによれば十一面の次第は、根本の三つの面は白色の菩薩面（息災法）、その上の三面は黄色の瞋怒《しんぬ》面（増益法）、三段目の三面は毘瑠璃《びるり》色（青の半透明色）の大笑瞋怒面（敬愛法）で、四段目には黒色の二つの瞋怒面（調伏法）があり、さらに頂上には阿弥陀如来の仏頂面が現されていた。

また手は、根本二手は胸前で合掌。右の第二手は念珠、第三手は法輪、第四手は与願印、第五手は阿弥陀仏像を捧持し、左の第二手は白蓮華、第三手は水瓶、第四手は宝珠、第五手は弓箭を持っていた。これが造立当初の十臂像で、「法身《ほっしん》の十臂」と称される。

その後この十臂像には、右に①宝珠②索③鉢④剣⑤金剛杵⑥鏡⑦水晶⑧弓⑨柳枝⑩払子⑪盾⑫水瓶⑬斧鉞⑭念珠⑮青蓮華⑯軍持⑰日輪⑱白蓮華⑲果実の穂、左に①白雲②軍持（差し口のついた水瓶）③紅蓮華④剣⑤法螺⑥髑髏⑦念珠⑧鈴⑨金剛杵⑩鉤⑪錫杖⑫化仏⑬宮殿⑭梵篋⑮

写真33：十一面千手観音菩薩（瞑想の郷所蔵）

輪⑯仏像⑰果実⑱蓮台⑲宝珠の三十八臂が付加された。これを「報身《ほうじん》の三十八臂」という。なおこの三十八臂は、『千手経』の四十手と重複するものが多く、宝珠・弓・軍持・白蓮華・化仏・輪は「法身の十臂」の持物と重複している。したがって当初の十臂像の完成後に、敦煌などの千手観音を参考に、手臂の増広が行われた可能性を示唆している。

さらにこれに千本の小脇手が加わって、十一面千手観音となった。そこで、この千本の小脇手を「応身の千臂」という。

このようにチベットでは、ソンツェンガムポ王によって十一面観音が導入され、それが脇手の付加によって千手観音となったことが分かる。そして王に由来する十一面観音のスタイルは、「ソンツェンガムポ王流」あるいは「王流」（ギェルポイ・ルク）と呼ばれるようになった（次頁図上と写真33）。

ソンツェンガムポ王念持仏（四十八臂像）

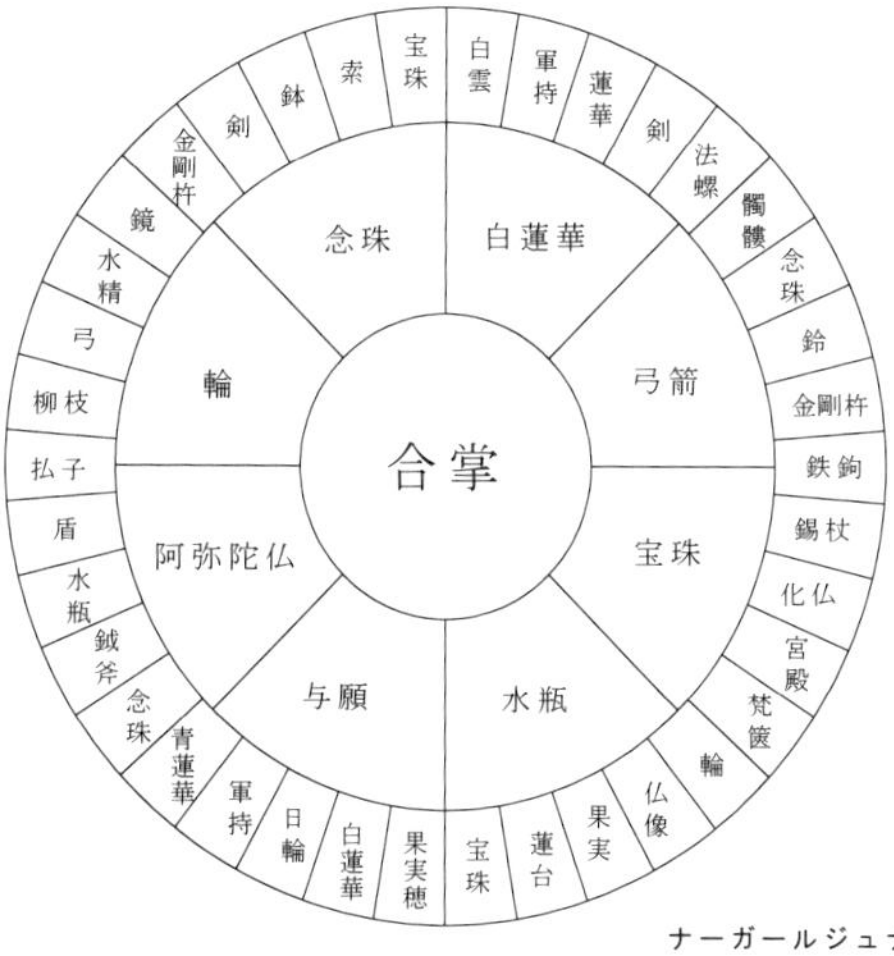

ナーガールジュナ流十一面千手観音

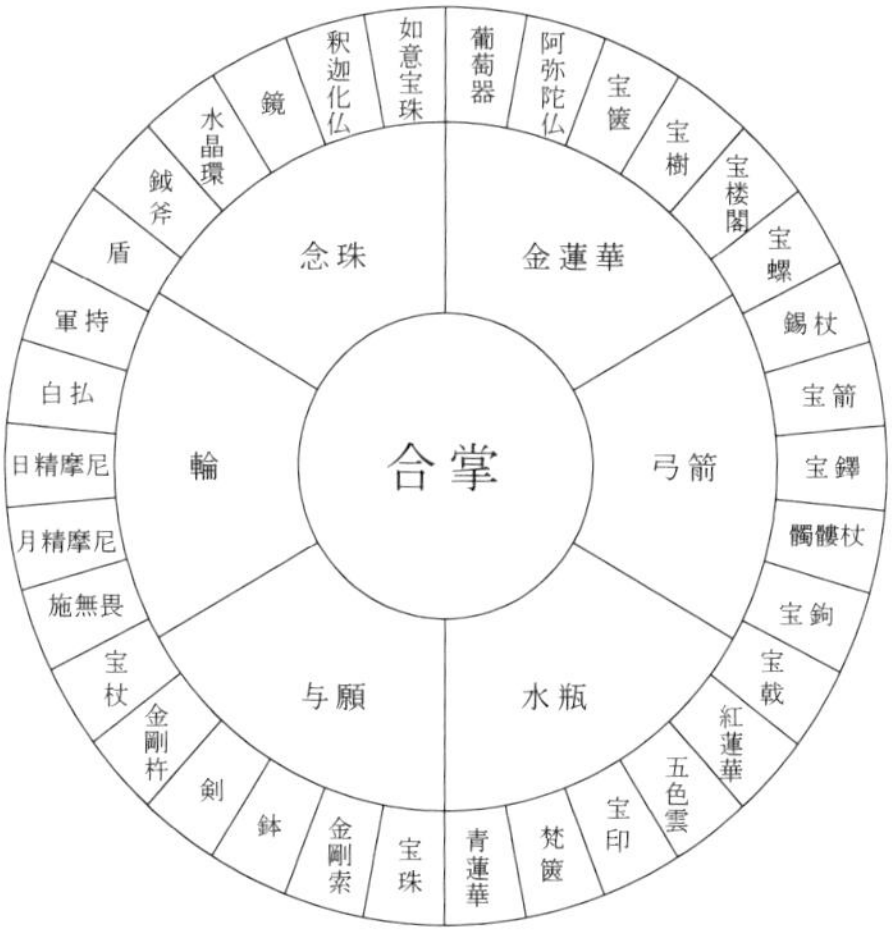

写真34：ラクシュミー

②ラクシュミー流

これに対してチベットには、吐蕃崩壊後の仏教後伝期（十一世紀以後）に入って、もう一種の十一面観音が紹介された。このスタイルは、創始者であるインドの尼僧ラクシュミー（写真34）にちなんで、「ラクシュミー流」（ペルモ・ルク）と呼ばれる。チベットの伝承では、ラクシュミーはカシミール出身の尼僧で、不幸にしてハンセン病に冒されたが、十一面観音の加護により断食の行を修し、病を克服したと伝えられる。生没年は明らかでないが、彼女の『十一面聖観自在尊成就法』を訳したリンチェンサンポ（九五八〜一〇五五）が、彼女の孫弟子の世代とされるので、十世紀頃の人物と考えられる。

そのスタイルは、ソンツェンガムポ王流と異なり、根本の三面の上に頭上面が三面・三面と重なり、さらにその上に羅刹面と仏頂面が一つずつ載っている。また持物は、根本二手は胸前で合掌。右の第二手は念珠、第三手は餓鬼の飢渇を潤す与願印、第四手は法輪。左の第二手は黄金の蓮華、第三手は軍持、第四手は弓箭を持っている。残りの九九二本の脇手は、すべて持物を持たない与願印となるが、省略されて八臂像となることもある（次頁図左上）。

四臂観音とチベット系の千手観音

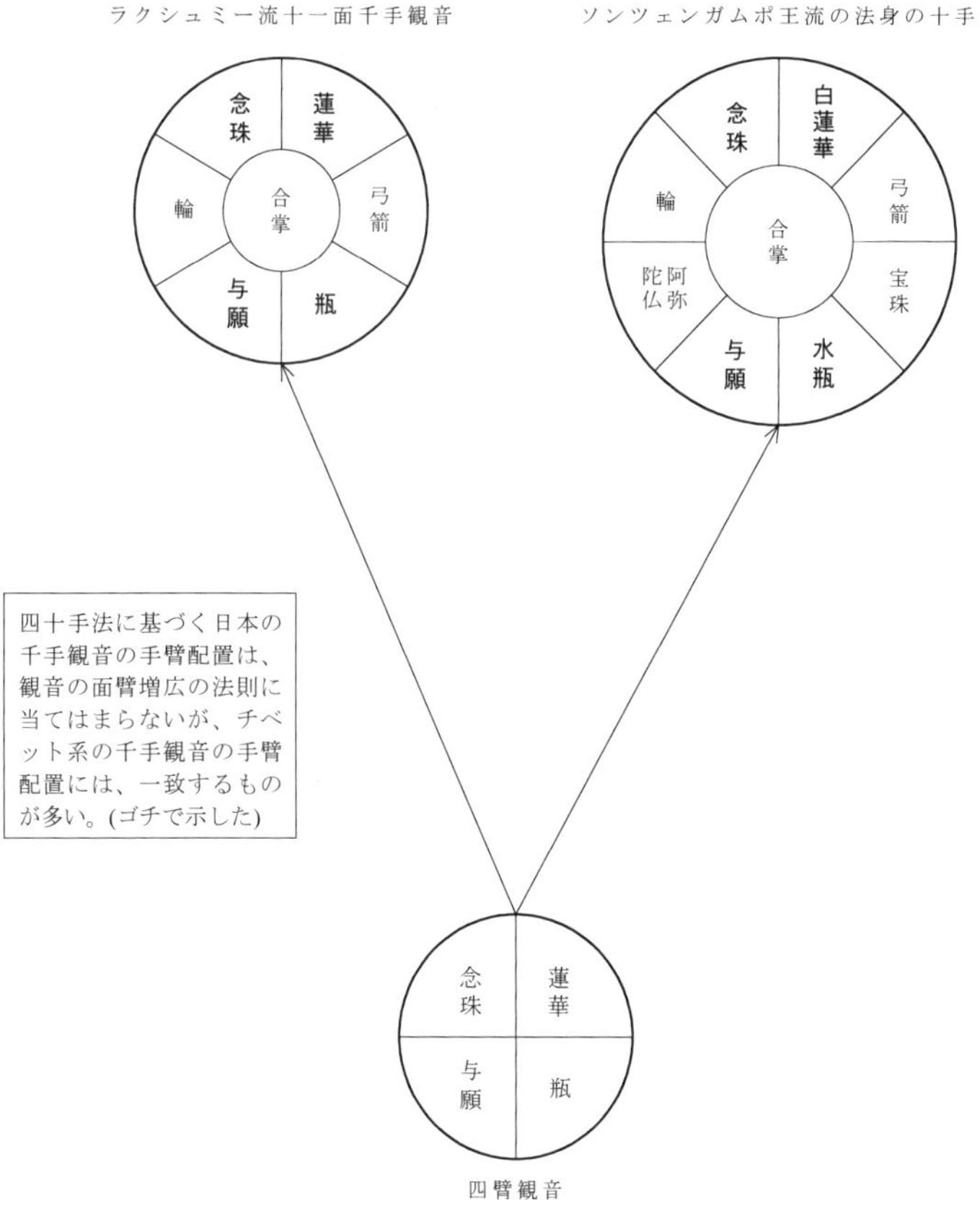

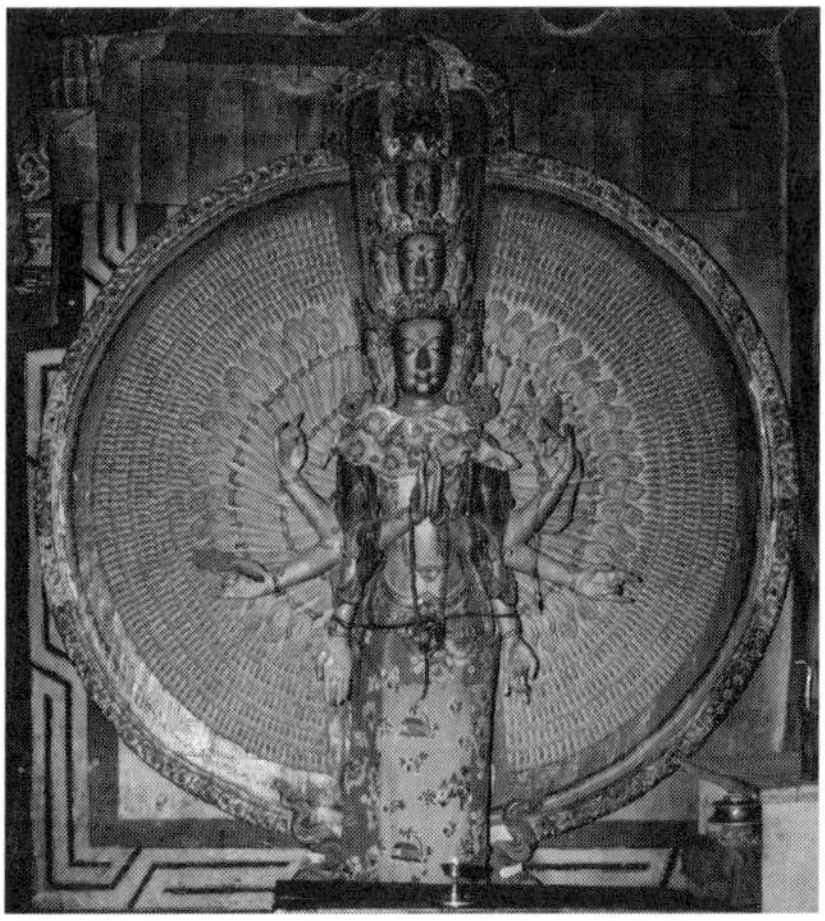

写真35：ラクシュミー流の千手観音像（ラダック・サンカル寺、藤田弘基氏撮影）

両者は、図像がよく似ているが、「ソンツェンガムポ王流」では、多くの脇手にも種々の持物が配されるのに対し、「ラクシュミー流」では脇手がすべて与願印となり、持物を持たない点が異なっている（写真35）。

そしてチベットでは、「王流」が吐蕃以来の密教を伝えるニンマ派で好まれたのに対し、「ラクシュミー流」は、主として十一世紀以後に伝播した新訳の諸派で好まれた。そのため難民が持ち出した「ランジュンガデン」の断片とともに、ダラムサラに復元された千手観音像は、「ソンツェンガムポ王流」とすべきであったが、新訳派が復興したため、「ラクシュミー流」に近いスタイルになってしまった。

なお第8章で見た『聖千手観自在成就法』に基づくナーガールジュナ流は、今日のチベットではポピュラーではないが、ギャンツェのペンコルチューデ仏塔2階の世間調伏観音堂に、創建時（十五世紀）に遡りうる作例が遺されている（写真36）。その図像はラクシュミー流と同じ八臂に、種々の持物を持つ三十四臂を付加した四十二臂像で、ソンツェンガムポ王流とラクシュミー流の中間的な図像と見ることができる（九五頁図下）。

いっぽうネパールでも、チベットの「ラクシュミー流」と同じ十一面観音が広く流布し、信仰を集めている。さらにシルクロード地域にも伝播し、カラホト出土の八臂十一面観音（エルミタージュ美術館蔵）は、ラクシュミー流の初期の作例と見ることができる。

また甘粛省炳霊寺の八臂十一面観音（写真37）は、持物や光背を失っているので、当初から八臂像だったのか、小脇手のついた千手観音だったのか分からない。しかし、チベット系の作品であることは間違いない。

写真36：ナーガールジュナ流の千手観音像（ペンコルチューデ仏塔・世間調伏観音堂）

ソンツェンガムポ王流の当初の十臂像と、ラクシュミー流では、ともに右手に与願印と念珠、左手に蓮華と軍持（水瓶）を持つ手がある。つまり私が第7章で紹介した「観音の面臂増広の法則」に当てはまる（九七頁図）。

これに対してソンツェンガムポ王

写真 37：八臂十一面観音（甘粛省炳霊寺）

流の「報身の三十八臂」は、当初の十臂像をベースに、敦煌に見られる四十手法に基づく千手観音像を参考に、付加されたのではないかと思われる。チベットの仏教史書は、すべてがソンツェンガムポ王の治世に行われたように説くが、「報身の三十八臂」の付加は、吐蕃の勢力が敦煌を含む河西回廊に及ぶ八世紀末から九世紀とするのが、妥当ではないかと思われる。

第14章　千手観音成立の謎を解く

本書では、大乗仏教における観音信仰の起源から説き起こし、変化観音の成立、本書の根幹をなす面臂増広の法則の発見、そして面臂増広の最終到達点ともいうべき千手観音の図像を、中国・日本の作例から、チベット・ネパール系のものまで、順次紹介してきた。千手観音編の最後を飾る本章では、これらの考察を踏まえて、千手観音成立の謎を解明したい。

まずインドからは、千手観音の確実な作例が発見されていないという問題であるが、私は、インドからも、いずれは千手観音像が発見されると考えている。チベットやネパールに見られる千手観音のうち、少なくともラクシュミー流の千手観音は、インドの尼僧ラクシュミーが著した儀軌に基づいており、彼女からどのようにチベットに伝えられたのかという師資相承系譜も残っている。

しかもラクシュミーの『十一面聖観自在尊成就法』とナーガールジュナの『聖千手観自在成就法』は、アティーシャ（九八二〜一〇五四）とリンチェンサンポ（九五八〜一〇五五）というゴールデンコンビによって訳されている。インド仏教の中心であったヴィクラマシーラ大寺院で学頭まで務めたアティーシャと、新訳を代表する大訳経官で、ラクシュミーの出身地とされるカシミールに留学していたリンチェンサンポが、まっかな偽作を訳すとは思われない。

それならば現在のところ、インドから千手観音の確実な出土例がないという事実を、どのように解釈すべきだろうか？　私は千手観音の信仰発祥地が、仏教中国と呼ばれるガンジス河中流域（東インド）ではなく、クシャン帝国以来、もう一つの仏教センターがあった西北インドだったからと考えている。

第8章で見た千手観音の経典・儀軌のうち、偶然の一致の可能性がある『摂無礙経』と胎蔵界曼荼羅の千手観音を除き、確実に「観音の面臂増広の法則」に当てはまるのは、菩提流志訳の十八臂像だけである。菩提流志は南天竺の人で、現在のアンドラプラデシかオリッサの出身と思われる。オリッサからは本書で紹介した四臂観音や不空羂索観音が多数出土しているので、菩提流志の十八臂像が、「観音の面臂増広の法則」に合致するのは首肯できる。

これに対して『千手経』の訳者、伽梵達摩は西天竺の人と伝えられる。本書第6章で見たように、尊格の多面広臂化という点では、西北インドの方が仏教中国より先行していたと考えられる。東インドでは、まだ四臂観音が一般的だった時代に、西インドで四十手法が成立したとすれば、四十手法に基づく中国・日本の千手観音が、東インドやオリッサの作例から帰納された「観音の面臂増広の法則」に当てはまらないのは、当然といえる。

いっぽう本書第11章で見たアーナンダガルバの帝釈天相千眼の蓮華三摩地尊の図像は、禅定印と蓮華を規定しているが、余りにも簡潔で、具体的なイメージを思い浮かべることができない。

これに対して遍調伏大曼荼羅で金剛笑の位置に描かれる十一面観音については、十一面十二臂の図像を詳細に述べており、アーナンダガルバが、十一面観音については、具体的な作例や典拠となる成就法を熟知していたことを示唆している。アーナンダガルバの年代は九世紀前半と推定されるが、東インドでは、日本で本格的な千手観音像が造られた九世紀前半になっても、千手観音については、参照すべき実作例が乏しかったと考えざるをえない。

このように考えると、前章で見たソンツェンガムポ王流の十一面千手観音の成り立ちは、非常に示唆的である。つまりソンツェンガムポ王の時代、インドでは観音の多面広臂像といっても、せいぜい十臂程度が限度であった。この事実は、ソンツェンガムポより一世代後の菩提流志訳が、十八臂像を説くことからも裏づけられる。しかしこの両者は「観音の面臂増広の法則」に合致しており、東インドや東南インドの、正統的な仏教図像に基づくと思われる。

ところが同時代のシルクロード地方では、すでに四十手法のような、極端な多面広臂像が行われていた。そこで吐蕃の勢力が河西回廊に進出するにつれ、シルクロード地域の作例にならわ

写真38：観音菩薩像断片（オリッサ・ハリプル出土）

って四十手法に基づく脇手、すなわち「報身の三十八臂」が付加された。そしてさらに真数千手を目指す与願印の小脇手が付加されて、「応身の千臂」となったと思われる。

　これに対してラクシュミー流は、千手観音の成立地と推定した西北インドに近く、最後まで仏教が残存していたカシミール出身の尼僧によって創始された。その八臂像は「観音の面臂増広の法則」に合致し、周囲に与願印の小脇手を付加することで、千手千眼となる。これこそインドにおける観音の面臂増広の最終到達点であったと思われる。

　なおラクシュミーは、『十一面聖観自在尊成就法』（本書第8章参照）の末尾で、つぎのように述べている。「この儀軌において、これほど（多く）の印を観想することができない者たちは、（十一面）八臂像や、一面四臂像や、一面二臂像を観想する。二臂とは蓮華と与願印であると見よ。」つまりラクシュミーは、「観音の面臂増広の法則」を知っていたのである。

　以上の考察から、私は将来、インドで千手観音が発見されるなら、西北インド、とくに仏教が最後まで残存していたカシミールの可能性が高いと考えている。次なる候補地としては、ネパールの装飾写本に描かれた千手観音の所在地＝コーンカナがあるが、インド南部西海岸の広い範囲が、その名で呼ばれることから、特定の地域を捜索することは困難と思われる。

私は二〇〇八年にオリッサのハリプルを調査したが、現地では観音と思われる菩薩像の断片が、未発掘のまま地表に露出していた（写真38）。遺跡が発見された時、インド政府考古局は地方レベルの発掘を禁止し、自ら発掘に乗り出すと宣言したが、それから六十数年経った現在でも、いまだに着手されていない。

また最近は西部のグジャラートでも、仏教僧院の遺跡が発見され、かつてナーランダーと並び称されたヴァラビー僧院ではないかといわれている。

このようにインドでは、いまだ未発掘の仏教遺跡が多数あり、地中に何が埋まっているか分からない状況である。現在知られている出土品だけで、「インドに千手観音は存在しなかった」と軽々に結論を出すのは慎まなければならない。

大悲呪編

第15章　「八つ墓村」では殺人事件の度に「大悲呪」

第7章で紹介したように、私の祖父は、大正から戦前にかけて活躍した仏画家の田中百嶺《ひゃくれい》である。百嶺が十一面観音を祀った千歳六角堂では、毎月二十日の縁日に勤行をしているが、亡父の話によると、百嶺は六角堂で常々、『般若心経』、『観音経』すなわち『法華経』「普門品」そして「なむからたんのーとらやーやー」こと「大悲呪《だいひしゅう》」を読誦していたという。

そこで父も「門前の小僧習わぬ経を読む」で、『般若心経』と『観音経』は覚えてしまったが、「大悲呪」だけは何遍聞いても覚えられなかった。『般若心経』や『観音経』は漢文だから覚えやすいのに対し、「大悲呪」はサンスクリット語の漢字音写だから、並んでいる漢字には意味がない。そうおいそれとは覚えられないのである。

かくいう私は、東京大学の印度哲学科でサンスクリット語を学び、いくつかの仏典のローマ字化テキストも刊行している。「それなら覚えられるだろう」と思われるだろうが、それでも読誦の度に、つっかえたり読み間違えしたりする。

この問題は、後ほど詳しく論じることになるが、「大悲呪」はサンスクリットとしても、おかしいのである。

一九七七年に公開された松竹映画『八つ墓村』は、岡山県津山市で実際に起きた大量殺人事件を題材とした横溝正史の同名小説の映画化で、濃茶《こいちゃ》の尼の「祟りじゃ〜」という台詞は流行語にもなった。

同作品では、殺人事件で人が死ぬと、葬式で坊さんが「なむからたんのーとらやーやー」とやりはじめる。四十九日の納骨シーンでも「なむからたんのーとらやーやー」である。私は違和感を覚えた。

「大悲呪」は本来、現世利益のほとけ＝千手観音の陀羅尼である。死者の罪障消滅とか浄土往生を祈るのなら、『仏頂尊勝陀羅尼《ぶっちょうそんしょうだらに》』とか『阿弥陀如来根本陀羅尼』（阿弥陀大呪《だいじゅ》）など、もっとふさわしい陀羅尼があるだろうと感じたのだ。

この「大悲呪」は、かつては真言・天台でも読誦されていたようだが、現在では禅宗、その中でも曹洞宗の常用読誦経典になっている。百嶺は、法系的には臨済に近かったが、臨済宗の関係者に尋ねると、同じ禅宗でも臨済では「吉祥《きっしょう》消災呪《しょうさいしゅう》」をよく用い、曹洞ほど「大悲呪」を読まないと教えられた。百嶺は、六角堂の本尊が十一面観音だったので、「大悲呪」を読誦していたらしい。これはちょうど、曹洞宗大本山永平寺別院の麻布大観音で、本尊は十一面観音なのに、千手観音の陀羅尼である「大悲呪」を読誦しているのに似ている。

十一面観音には『十一面神呪心経』という経典があり、陀羅尼もあるのだが、読誦されることはほとんどない。そのため本尊が聖観音だろうと十一面観音だろうと如意輪観音だろうと、観音の陀羅尼といえば「大悲呪」となる。

『八つ墓村』の舞台になった岡山県美作《みまさか》地方には、曹洞宗寺院が二十箇寺以上もあるので、設定的に不自然ではないが、殺人事件の度に「なむからたんのー」はないだろうと、苦笑したのを覚えている。

いっぽう中国に調査にでかけた時のことである。寺院の寺務所か売店で、伝統楽器の洋琴や胡弓にパーカッションの伴奏つきで、仏教音楽をエンドレスに流していたが、「ナンモー・ハンナイ・ランナトライヤイエー」と、どこかで聞いたような文句なので、調べてみたら『梵唱大悲呪』という中国語版の「大悲呪」のCDだった。これもサンスクリットとしては問題の多い伽梵達摩《がぼんだつま》訳の漢字音写を、そのままテキストにしていた。

このように『大蔵経』には、観音の経典や陀羅尼は無数にあるのに、観音の陀羅尼としては、中国・日本を通じて「大悲呪」が圧倒的なシェアを誇っている。

また後述のように、「大悲呪」には広本と抄本あるいは略本があり、多くの訳があるのだが、その中で、文法的には一番不正確な伽梵達摩訳だけが、広く用いられている。その理由は一体何なのだろうか？　次章以下では、このような「大悲呪」の謎を解明してみたい。

第16章　日本・中国だけでなく、インドでもCDリリース？

前章で紹介したように、千手観音の陀羅尼とされる「大悲呪」は、日本では禅宗の常用経典とされ、中国でもしきりと読誦されている。そのため最近では、僧侶による読誦の録音や、それに楽器の伴奏をつけたCDも発売されている。

それではサンスクリット原文の読誦はあるのか調べたところ、インターネットにいくつかの映像がアップロードされていることが分かった。

これらの中には、『チベット大蔵経』に収録される別の千手観音の陀羅尼を、「大悲呪」としてアップロードしたものがある。その中で、Nilakantha dharani (sanskrit) —great compassion mantra（大悲咒）と題されたコンテンツが、私の目にとまった。これは「大悲呪」の広本《こうほん》とされる『ニーラカンタ・ダーラニー』のサンスクリットをテキストにした楽曲を、「大悲呪」としてアップロードしたものである。

ここで「大悲呪」関係のテキストを概観すると、前述の伽梵達摩訳『千手経』と、不空に帰せられる『千手千眼観世音菩薩大悲心陀羅尼』（大正№一〇六四）、同『大慈大悲救苦観世音自在王菩薩広大円満無礙自在青頸大悲心陀羅尼』（大正№一一一三B）は、現行の「大悲呪」と大同小異の内容で抄本とされる。

これに対して金剛智訳『千手千眼観自在菩薩広大円満無礙大悲心陀羅尼呪本』（大正№一〇六一）、『番大悲神呪』（大正№一〇六三）、不空訳『青頸《しょうきょう》観自在菩薩心陀羅尼経』（大正№一一一一）、金剛智訳一行《いちぎょう》筆受『金剛頂瑜伽青頸大悲王観自在念誦儀軌』（大正№一一一二）、指空讎《しゅう》校《こう》『観自在菩薩広大円満無礙大悲心大陀羅尼』（大正№一一一三A）などは、略本に比して、大幅に語句が増広されており、広本と呼ばれる。

いっぽうネパールに伝えられた『ダーラニーサングラハ』（陀羅尼集）のサンスクリット写本に、広本に相当する『ニーラカンタ・ダーラニー』あるいは『ニーラカンタ・フリダヤ』が含まれている。これらの資料から、広本に関しては、ほぼ正確に原文を復元することができるが、抄本のサンスクリット資料は、いまだ発見されていない。『梵字真言集』などに、悉曇《しったん》梵字で転写したテキストはあるが、たとえば「のーらーきんじー」（那囉謹墀）は、ニーラカンタ（Nīlakaṇṭha　青頸）でなくてはならないのに、Narakidhi と転写されており、全く信用できない。

そこで本書では、広本や敦煌写本を参照して復元した略本のテキストを、付録として巻末に掲載した。なお『大正大蔵経』所収の伽梵達摩訳は、日本の各宗派や中国仏教で用いられる漢字音写と、かなりの異同がある。本書では曹洞宗双璧寺住職だった坂内龍雄師の『真言陀羅尼』を参照したが、意味が通らない部分は適宜修正した。また?をつけた箇所は、サンスクリットとして意味をなさず、正しく復元できなかった部分である。

いっぽう『チベット大蔵経』に収録される法成訳『千手経』の前半は、伽梵達摩訳からの重訳なので、抄本のチベット語音写が含まれるハズであるが、「大悲呪」の部分のみ広本に置き換えられている。

私も東京大学助手時代、坂内師から「大悲呪」の原文について問い合わせを受け、敦煌出土のチベット訳「大悲呪」を調べたことがあったが、やはり広本ばかりで、抄本のチベット語音写資料を発見することはできなかった。

つまり法成は、伽梵達摩の漢字音写には問題が多く、正しいサンスクリットが復元できないことに気づき、「大悲呪」の部分のみ、文法的にも正確で、意味がとりやすい広本に差し替えてしまったのである。

私たちが読誦している「大悲呪」、つまり伽梵達摩訳の抄本に、どのような問題があるのか、紙数の関係ですべてを見ることはできないが、いくつかの点を見ることにしよう。

陀羅尼とは、仏教で用いられる呪で、真言・陀羅尼と併称されが、真言が比較的短いのに対し、陀羅尼には長文の呪が多いという特徴がある。

陀羅尼では、冒頭に仏教の呪であることを明示するために、仏・菩薩に対する帰敬《ききょう》がある。「大悲呪」では、「なむからたんのーとらやーやー」（三宝に帰命す）以下がこれに当たる。ついで「それはすなわち」（tadyathā）とあって主部を導入する。「大悲呪」では、「とーじーとー」がタドヤターに当たる。

主部には無意味語の反復や、動詞の命令形、擬音語・擬態語などが含まれ、これらを記憶し繰り返し読誦することで、一種の三昧の境地を得ようとしたものと思われる。「大悲呪」では、「とーりょーとーりょー」（dhulu dhulu）とか「とーらーとーらー」（dhara dhara）などが無意味語の反復に当たる。なお同様の無意味語の反復は、十一面や不空羂索など、他の変化観音の陀羅尼にも見られる。

いっぽう「くーりょーくーりょー、けーもー」（kuru kuru karmaṃ　事業を為せ、為せ）や「ふどやーふどやー」（bodhaya bodhaya　悟らしめよ、悟らしめよ）は、動詞の命令形に当たる。

このうち無意味語の反復や擬音語・擬態語などは、どの陀羅尼にもあるもので、文法的な問題にならないが、「大悲呪」では、サンスクリット語として読解可能な箇所に、多くの問題がある。一例を挙げると、冒頭近くの「さーはらはーえい。しゅーたんのーとんしゃー」であるが、「さーはらはーえいしゅー」（sarvabhayeṣu）は、「一切の恐怖における」、「たんのー」

(trāṇa)は「救済」だが、この後「とんしゃー」(tasya)と、唐突に三人称代名詞の属格が続いている。

その意味は、対応する広本を参照することで、はじめて理解できる。つまりsarvabhayeṣu trāṇakarāya tasya namas kṛtvā(一切の恐怖における救済者、彼に帰命して)となるが、抄本では、救済(trāṇa)の後の「〜するものに」(karāya)が欠けているため、意味が通らなくなっている。

いっぽう句読点の付け方にも、多くの問題がある。陀羅尼の音写では、漢字自体には意味がないので、「一」「二」「三」といった漢数字を付して訳すことが多い。これはサンスクリットの句読点であるダンダに対応しており、これによってサンスクリットを解さない者でも、正しく区切って読誦できるようになっている。

ところが伽梵達摩訳の抄本では、右の一句が「さーはらはーえい」(八)「しゅたんのーとんしゃー」(九)と区切られている。これでは「一切の恐怖」(sarvabhaya)と複数於格の格語尾である「において」(ṣu)が句読点で区切られ、泣き別れになっている。

さらに最後の「とんしゃー」(tasya)は、次の「なむしきりーと」(namas kṛtvā)に接続して、「彼の(観音に)帰命して」となるのだが、これも途中に句読点が入って、意味が通らなくなっている。

このような不自然な区切り方は、不空訳とされる他の二篇の抄本にも見られる。不空は、中国四大訳経家の一人に数えられる巨匠である。しかも広本系の『青頸観自在菩薩心陀羅尼経』では、正しい語句の理解と区切りを示しているのに、抄本系の二訳では、伽梵達摩の誤りをそのまま踏襲しているのは、明らかにおかしい。つまり不空訳とされる抄本系の二訳は、不空に仮託された偽作と考えざるをえないのである。

このように考えると、中国でリリースされたCDや、中国からアップロードされた「大悲呪」の中国語版は、みな伽梵達摩訳に基づく抄本系であるのに、サンスクリット語の「大悲呪」は、みな広本系である理由がわかる。

つまり伽梵達摩訳『千手経』の漢字音写には欠陥があり、サンスクリットとして意味不明な箇所があるので、文法的により正確で、意味がとりやすい広本から復元したサンスクリットをアップロードしたのである。しかし広本である『ニーラカンタ・ダーラニー』は全くポピュラーでないため、「大悲呪」のサンスクリット版と銘打ってアップロードせざるを得なかったのである。

なお『ニーラカンタ・ダーラニー』のニーラカンタとは、青頸《しょうきょう》観音という、一般には知られていない変化観音の名前である。そこで次章では、この青頸観音について見ることにしたい。

第17章　大悲呪は本当に千手観音の陀羅尼なのか？

前章で見たように、「大悲呪」には広本と抄本があり、しかも広本は、千手観音ではなく青頸観音の陀羅尼として伝えられたことが分かった。

青頸観音は、三十三観音の一尊、ネパールでも百八観音の一つに数えられる変化観音だが、日本では普及しなかったため、後期密教の時代に成立した後期変化観音のように扱われてきた。しかし青頸観音の儀軌は、不空（七〇五〜七七四）によって訳されている。またインドの聖地サールナートからは、杯を飲み干す姿の観音像が出土し、ニーラカンタ（青頸観音）に比定されている（写真39）。

写真 39：ニーラカンタ（サールナート出土）

さらに青頸観音は、『図像抄』『別尊雑記』

写真40：乳海攪拌のヴィシュヌ神像（スワンナプーム空港）

のような日本の権威ある図像集にも収録されているので、後期変化観音と考えるのは正しくない。

青頸観音は、日本ではポピュラーとはいいがたいので、その由来と図像について、簡単に見ることにしたい。

インド神話では、不死の妙薬アムリタを得るため、太古の混沌とした乳海を、神々と阿修羅たちがマンダラ山を攪拌棒としてかき混ぜた時、ヴィシュヌ神は巨大な亀の姿となって、攪拌棒の回転軸となった（写真40）。

ところが副産物としてハラーハラという猛毒が発生し、神々や阿修羅たちはバタバタと倒れてしまった。そこでカイラーサ山に住むシヴァ神に救いを求めると、シヴァは自らハラーハラを嚥下した。しかし毒を呑み込んだシヴァ神の頸は、青く変色してしまった。そこでハラーハラを嚥下して神々と阿修羅を救ったシヴァ神は、青頸（ニーラカンタ）と呼ばれるようになった。

いっぽう本書第11章で見た『初会金剛頂経』「遍調伏品」では、金剛界曼荼羅の金剛因菩薩の位置に、青頸観音が描かれている。同経に説かれる真言によれば、青頸観音は、ヴィシュヌ神の姿で、黒い蛇の聖紐《せいちゅう》を着け、肩から鹿皮の条帛《じょうはく》を掛けている。これは前章で見た「大悲呪」広本に説かれる観音の姿と完全に一致している。また四臂に法螺貝・輪・棍棒・蓮華を持つとされるが、これはヴィシュヌ神の一般的な四臂像と一致している。また『別尊雑記』に前唐院本、つまり慈覚大師円仁の請来品を収蔵する比叡山前唐院の図像として紹介された青頸観音の四臂像とも一致する（写真41）。

写真41：青頸観音（『別尊雑記』所載）

なおヒンドゥー教のニーラカンタはシヴァ神の別名であったが、仏教では、これがヴィシュヌ神の姿をとる観音に変更されている。また青頸観音が、遍調伏大曼荼羅で金剛因菩薩の位置に描かれるのは、金剛因菩薩とヴィシュヌ神が、ともに輪（チャクラ）をシンボルとするからと思われる。

なお不空は、青頸観音の陀羅尼の他に、

『金剛頂瑜伽青頸大悲王観自在念誦儀軌』（大正№.一一一二）を訳している。彼は『初会金剛頂経』「遍調伏品」を訳すことはなかったが、千手観音と同じく、青頸観音も遍調伏大曼荼羅の構成要員であることを知っていたのである。

「大悲呪」広本には、「世間の貪欲の毒を除滅」（lokasya rāgaviṣavināśana）「瞋の毒を除滅」（dveṣaviṣavināśana）「痴の毒を除滅」（mohaviṣaviṇāśana）などの文句が現れる。これはインドの乳海攪拌神話で、ハラーハラという猛毒を嚥下したシヴァ神の説話を換骨奪胎して、貪瞋痴の煩悩の毒を除滅する青頸観音としたことを示している。ここで、どうしてシヴァ神ではなく、ヴィシュヌ神の姿をとる観音がニーラカンタになったのかが問題となるが、おそらく不空羂索観音のように、シヴァ神の姿をとる観音は、すでに存在していたので、ヴィシュヌ神の姿をとる観音が、青頸観音とされたのであろう。

このように「大悲呪」は、本来は青頸観音という、別の変化観音の陀羅尼として成立した可能性が高いことが分かった。それがどうして千手観音の陀羅尼となったのだろうか。その理由を考えてみよう。

本書前半で見たように、仏教中国と呼ばれた東インドでは多面広臂型の観音の導入が遅れ、中国や日本で千手観音の本格的作例が制作された八世紀に入っても、せいぜい十六臂が限度で、本格的な千手観音はポピュラーではなかったと推測される。したがってインドでは、千手観音の陀羅尼といっても、広く人口に膾炙したものはなかったと思われる。

これに対してサールナート考古博物館のニーラカンタ像は、様式的に五〜六世紀に遡りうるとされている。あの杯を飲み干す観音像をニーラカンタとするなら、青頸観音の信仰は遅くとも六世紀には成立していたと考えられる。つまりインドでは、青頸観音は千手観音より先行していたことになる。

そこで西北インドで千手観音が成立すると、その陀羅尼として、青頸観音のものが転用されるようになった。「大悲呪」の冒頭には、「なむおりやーぼりょきーちーしふらーやー、ふじさとぼーやーもこさとぼーやー」（南無聖観世音菩薩摩訶薩）に続いて、「もーこーきゃーるにきゃーやー」（南無大悲尊）と出てくる。この大悲尊（マハーカルニカ）という呼称は、観音の中でも十一面や千手など、多面広臂型の変化観音によく用いられるものである。

また「大悲呪」広本には、青頸観音の特徴として「左肩に黒い鹿皮を掛ける者」（vāmaskandha deśasthitakṛṣṇājināya）と出る。日本では鹿皮を被るのは不空羂索観音だけであるが、ラクシユミーの『十一面聖観自在尊成就法』には、十一面千手観音が「左乳を鹿皮で覆う」と規定されている。

さらに「大悲呪」には「しゃきらーおしどーやー」（cakrahastāya）つまり輪を持つ者、「ほどもぎゃしどやー」（padmahastāya）つまり蓮華を持つ者という句が現れる。このうち蓮華は観音のシンボルであり、あらゆる変化観音に適用できるが、輪を持つ変化観音は、如意輪観音の他、まれに馬頭が持つことを除いては、千手観音だけである。とくにチベットのラクシュミー流やソンツェンガムポ王流の千手観音では、輪は右の正大手の主要な持物となっている。さらに中国最古の現存作例とされる四川省安岳臥仏院第四十五号窟像でも、最も目立つ位置にある左の上手の持物は、明確に輪と判別できる。

このように青頸観音の陀羅尼が、千手観音に転用されるようになると、千手観音の図像を、陀羅尼の文句に合わせて改変したと思われるフシがある。このようにして「大悲呪」は、千手観音との整合性を高めていったと考えられる。

本書で述べてきたように、観音信仰の中心的テーマは、衆生の世俗的願望を叶えながら、彼らを最終的に菩提に導くことにあった。その点、世間の貪瞋痴の毒を呑み、頸を青く変色させてまで衆生を救済するという青頸観音は、観音の衆生救済の究極の姿を示すものといえる。

いっぽうの千手観音は、観音の多様な救済力を、多面広臂化によって誰の目にも明らかに表現したイコンであるが、その中には菩提に直接結びつく出世間的な持物より、はるかに多くの世俗的願望を満たす持物が含まれていた。

千手観音と「大悲呪」の結びつきは、ある意味で運命的なものであったのかもしれない。

第18章　文法的に間違いだらけの伽梵達摩訳は何故普及したのか?

これまで見てきたように、現在読誦されている伽梵達摩訳「大悲呪」には、サンスクリット文法上だけでなく、各句の区切り方においても問題が多い。

敦煌出土の『千手経』写本（スタインNo.二三二一）によれば、『千手経』は伽梵達摩が、西域の于闐《うてん》つまりコータンで翻訳したものだという。一般に仏典の漢訳は、長安や洛陽などの都で、教養ある漢人僧の助けをかりて翻訳される。伽梵達摩の「大悲呪」や後述の勅偈に見られる漢字音写に問題が多いのは、都から遠く離れたコータンで、よい漢人の助手に恵まれなかったからとも考えられる。

これに対して広本とされる『ニーラカンタ・ダーラニー』は、文法的にも正確で、「大悲呪」の意味不明な箇所も、広本と比較することで、はじめて正しく理解できることが分かった。

ところが中国や日本、さらに朝鮮半島やベトナムでも、常用経典として読誦されるのは抄本「大悲呪」のみで、広本が普及することはなかった。

大悲呪編を締めくくる本章では、文法的に間違いだらけの伽梵達摩訳が何故普及し、今日に至るまで読誦されているのか？　という問題を考えてみたい。

本書第16章で見た不空に仮託された『千手千眼観世音菩薩大悲心陀羅尼』は、抄本系の「大悲呪」を説いている。伽梵達摩訳は八十二句からなるが、不空訳は八十四句からなり、二句多い。しかしこれは伽梵達摩訳の最後の一句「してどーもどらー。ほどやー。そーもーこー」（真言の文句を成就させたまえ）を、三句に区切っているだけで、その他は伽梵達摩訳に見られる問題の多い区切り方が、そのまま踏襲されている。

ところが同経では、「大悲呪」の一句一句に注記がされて、尊格が当てはめられている。例えば第16章で取りあげた「さーはらはーえい。しゅーたんのーとんしゃー」の「さーはらはーえい」には四大天王の本身、「しゅーたんのーとんしゃー」には四大天王の部落、つまり配下の神々に配当されている。なお四天王を四大天王と呼ぶのは中国の慣例であるから、この注記も日本で施されたものではなく、中国に元々存在したものと考えられる。ところがこの尊格配当は、「大悲呪」の各句の語義とは全く無関係に定められている。四大訳経家の一人である不空が、このような牽強付会の解釈をするとは思われない。

ところが最近になって、敦煌出土の「大悲啓請《だいひけいしょう》」と題するテキストが注目されるようになった。これは「大悲」つまり千手観音を本尊とする法会に、関連する諸尊の名号を唱えて、道場に迎え入れるテキストであり、千手観音を本尊として「大悲呪」を唱える法会が、唐末から五代にかけて敦煌で流行したことを示している。それはまた、敦煌で千手観音を描いた軸装仏画や、壁画が制作された時期とも一致する。

そして啓請に言及される諸尊には、伽梵達摩訳『千手経』の勅偈（二十八部衆編参照）に説かれる眷属が、全部ではないが含まれることが明らかになっている。そして前述の『千手千眼観世音菩薩大悲心陀羅尼』で、「大悲呪」の一句一句に結びつけられた尊格にも、一部共通するものがある。

つまり敦煌では、千手観音を本尊として「大悲呪」を読誦する法会が流行し、そこに迎えられる尊格の中には、伽梵達摩訳『千手経』に登場するが、他の経典には説かれないものが含まれていた。

伽梵達摩が『千手経』を訳出した後、多くの千手観音の経典が請来、翻訳された。またより文法的に正確な「大悲呪」広本も複数回に亘って訳されたが、先行していた伽梵達摩訳の流行をしのぐことができなかった。それはおそらく、すでに伽梵達摩訳に基づく「大悲呪」読誦の法会が定着し、その一句一句に千手観音と関係が深い尊格が結びつけられたため、にわかに改めがたくなっていたからと思われる。

そして「大悲呪」の読誦を中心とした法会は、北宋時代に中国天台を再興した四明《しめい》知礼《ちれい》（九六〇～一〇二八）によって整備され、「大悲懺法《だいひせんぽう》」あるいは「大悲懺」の名で、現代の中国本土や香港・台湾、さらに東南アジアの華僑社会で、今日も行われている。この場合も基本となるテキストは、やはり伽梵達摩訳『千手経』と「大悲呪」抄本であり、このテキストが、中国の仏教界に深く根付いていることを物語っている。

われわれ大学でインド学仏教学を学んだ者は、どうしても仏教の故国＝インドの原型に近いもの、サンスクリット原典を忠実に翻訳したものを高く評価し、それから外れたものを、後世付会の解釈とか、牽強付会のこじつけと切り捨ててしまう傾向がある。

ところが導入編で見たように、千手観音の信仰自体が、仏教中国、つまりインド仏教の中心地とされたガンジス河中流域から離れた西北インドで成立し、シルクロードを経て、中国・日本へと伝えられた可能性が高い。

さらに、その陀羅尼とされる「大悲呪」も、本来は千手観音のものではなく、青頸観音という、別の変化観音の陀羅尼を転用したことが明らかになった。

しかしシルクロード地域で千手観音信仰が隆盛を迎えると、その情報が仏教中国にも伝播し、千手観音が受容されるようになる。千手観音編で見た『初会金剛頂経』「遍調伏品」で、帝釈天相の千眼観音が、しだいに千手千眼化することは、このような仏教図像のフィードバックが起きたことを示している。

伽梵達摩訳の「大悲呪」は、初めから正則サンスクリットで書かれていた「大悲呪」広本を、無理やり短縮したものではない。

現行の「大悲呪」には「輪を持つ者」「蓮華を持つ者」の句が出るが、広本では、「大いなる棍棒を持つ者」(mahālakuṭadharāya) や「法螺の響きで覚悟させる者」(śaṅkhaśabdanibodhanāya) が付加されている。しかしこれらはヴィシュヌ神の四臂像を真似た青頸観音の四臂像が成立してから、付加されたものと思われる。そして四臂の青頸観音の成立時期は、『初会金剛頂経』「遍調伏品」成立の頃であるから、伽梵達摩訳より遅れる可能性が高い。つまり伽梵達摩訳の方が、より古い形を保存していると思われるのである。

伽梵達摩訳『千手経』や現行の「大悲呪」に、大きな問題があることは事実だが、従来のように偽撰とか偽作を疑うのではなく、千手観音信仰の成立史という視点から、再検討が必要であると思われる。

二十八部衆編

第19章　「二十八部衆」は誤解の産物？

二〇一八年の春と記憶しているが、京都の妙法院門跡《みょうほういんもんぜき》から、突然の連絡があった。じつは前著『仏教図像学』（春秋社）を刊行した時、「仏教図像の日本的展開」の一例として京都三十三間堂の二十八部衆像を取り上げることになり、三十三間堂を管理する妙法院から、千体千手観音の胎内に納入されている千手観音と二十八部衆の摺仏《すりぼとけ》の写真をお借りした。そこで拙著を一部献本させて頂いたが、その記事が妙法院管理部の目にとまったらしい。

妙法院では、千体千手観音の修理完成と国宝指定を記念して、二十八部衆像の再編（配置換え）を計画していた。ところが配置換えに伴い、二十八部衆のうち十三体の尊名を訂正することになったため、作品につけられていたキャプションも全面的に改訂する必要が出てきた。そこで私にキャプション、とくに英文につけるサンスクリット尊名を校閲してもらえないかという依頼がきたのである。

二十八部衆の配置換えと尊名変更は、妙法院門跡の責任で行われ、私は、その一部に途中参加させて頂いただけであるが、このような大事業に協力し、日頃の研究成果の一端が、広く一般に知られること自体、大変有意義かつ名誉な話であるから、喜んでお引き受けすることにした。

ところが、二十八部衆一尊一尊のサンスクリット語の尊名を確定するということが、実は大変な難題なのである。

本書第8章で見たように、千手観音は多くの経典に説かれているが、二十八部衆の原型となった護法神群は、色々と問題が多い伽梵達摩訳の『千手経』のみに偈文《げもん》（定型詩）の形で説かれている。この偈文は、観音が護法神に命令を下し、『千手経』の受持者を守護させるという内容なので、「勅偈」と通称されるが、一句七字に揃えるため、「我遣密跡金剛士　烏芻君荼鴦倶尸」のように、尊名の一部を省略して音写している。右の例でいうと「烏芻」は烏枢沙摩《うすさま》明王、「君荼」は軍荼利《ぐんだり》明王の略だと言われるが、サンスクリット原本が存在しないため、確認のしようがなかった。

いっぽう善無畏訳『千手観音造次第法儀軌』（大正№一〇六八）には、二十八部衆の尊名と図像が説かれるが、明らかな偽撰であり、三十三間堂像とも一致しない。

平安時代の学僧で、清水寺の別当を務めた定深《じょうじん》（一〇四六〜一一一九）は『千手経二十八部衆釈』（大正№二二四三）を著し、『千手経』の勅偈に説かれる護法神の数が、実際には二十八部ではなく四十九尊に及ぶことを明らかにした。

それにも関わらず、千手観音の眷属は二十八部衆という通念が定着したのは、前述の勅偈に「二十八部大仙衆」の語が現れ、さらに二十八部衆の成立に影響を与えたと考えられる『金光明経』や『孔雀経』にも、「二十八部鬼神大将」「二十八部薬叉《やくしゃ》大将」の語が現れるからだと思われる。

しかし「二十八部大仙衆」は、三十三間堂二十八部衆の婆藪《ばそう》仙のような仙人に二十八部あるという意味であり、『金光明経』や『孔雀経』の二十八部鬼神大将は、八部衆のような護法神群ではなく、八部衆の一つである夜叉に二十八部あるという意味である。三十三間堂像のように、梵天・帝釈天や龍神など、八部衆の他のグループまで含んだ二十八部衆とは別物であった。したがって千手観音の眷属は二十八部衆という通念は、ある意味で誤解の産物ともいえる。

前述のように伽梵達摩訳『千手経』のサンスクリット原典は、発見されていない。このような場合、インドの原典を忠実に翻訳したチベット訳から尊名を復元するのが、最も確実な方法であるが、伽梵達摩訳に対応するチベット訳（北京№三六九）は、チベットの吐蕃王国が敦煌を占領していた八世紀末から九世紀半に、法成《ほうじょう》という訳経僧が漢訳から重訳したもので、一次資料ではない。

つまり法成訳からは、敦煌で活躍したバイリンガルのチベット僧が、伽梵達摩訳を見て、どのように理解したのかは分かっても、チベット訳から原語を復元することはできないのである。

そのような事情で、『千手経』の勅偈から、二十八部衆のサンスクリット尊名を復元するという作業は、難航を極めた。ところがキャプションの校閲も大詰めを迎えた同年七月になって、思いがけないところから、問題解決に曙光が差しはじめた。

『チベット大蔵経』デルゲ版には、法成訳の一つ前に、別の千手観音の経典『千手千眼を有する聖観自在菩薩儀軌細釈』(東北№六九〇)が収録されている。これは訳者不明の千手観音の儀軌で、前半は『千手経』、後半は智通訳『千臂経《せんびきょう》』と菩提流志訳『姥陀羅尼身経《もだらにしんきょう》』にほぼ一致する。しかし勅偈は、伽梵達摩以後に漢訳された類本には含まれていなかった。

ところが資料の不足に苦しんでいた私が、ダメで元々と調べたところ、『千手経』の勅偈に似た、護法神名を列挙する偈文が見いだされた。護法神の順序は、伽梵達摩訳や法成訳と大きく異なるが、全部で四十七尊を説き、勅偈に説かれる護法尊にほぼ対応している。したがって伽梵達摩訳を重訳したものではなく、別のサンスクリット原典から訳されたものであることが分かった。

いっぽう『チベット大蔵経』北京版で、法成訳の一つ前に収録される北京№三六八は従来、前述の東北№六九〇と同一文献とされてきたが、文献量が四分の一ほどの別文献である。これは、伽梵達摩訳の前半のみに対応することが分かった。ここにも護法神の尊名を列挙した偈が、前者とは別の体裁で訳されていた。こちらの護法神は、合計で五十一尊が説かれている。

　これによって私は、二十八部衆の原型となった『千手経』所説の護法神のサンスクリット尊名を復元できる資料をはじめて、しかも二つ同時に手に入れることができた。その結果は、いずれ学会で詳しく報告したいと考えている。

　本書第12章で見たように、敦煌からは複数の千手観音の作品が発見されている。このうち海外の博物館に所蔵される作品は、すでに研究が進んでいたが、敦煌石窟の壁画については、細部の写真が手に入らない等の事情があった。ところが最近、濱田瑞美《たまみ》氏が、現地調査に基づき詳細な研究を発表し、貴重な情報が得られた。

　そこで本書の二十八部衆編では、妙法院の尊名変更と配置換えに際して新たに判明した事実と、私と他の研究者がもたらした新資料に基づいて、従来は謎に包まれていた二十八部衆の成立と図像を、見てゆくことにしたい。

第20章　三十三間堂文永復興時納入摺仏の二十八部衆は唐本か？

前章で見たように、日本で千手観音の眷属として多くの作例を遺した二十八部衆は、伽梵達摩訳『千手経』の勅偈に列挙された護法神をルーツとしている。なおその構成は、梵天・帝釈天・四天王・仁王・八部衆などの伝統的護法神に、『金光明経』「鬼神品」などに説かれる護法神を補ったものと考えられる。

このうち婆藪仙人は、大弁功徳天とともに、胎蔵界曼荼羅や敦煌画に、千手観音の眷属として描かれ、二十八部衆の中でも、千手観音との結びつきが最も強い二尊といえる。なお本書第12章で見た大英博物館のスタイン Ch.lvi.0019 では、脇侍の女神が「功徳天」つまり吉祥天となっているのに対し、ギメ美術館所蔵の MG17775 では「大弁才天女」となっている。これに対して吉祥天と弁才天を並べて「大弁功徳」と呼ぶのは、『金光明経』「鬼神品」だけである。二十八部衆が『金光明経』「鬼神品」と関係することは、この事実からも裏づけられる。

また「鬼神品」では、偈文で様々な護法神の名を列挙し、『金光明経』を受持する者には、彼らが来たりて擁護すると説いている。これは、『千手経』の勅偈に似ている。つまり『千手経』の編集者は、先行する『金光明経』の「鬼神品」を参考に、勅偈を構想したと考えられるのである。

しかし、すでに平安時代に定深が指摘したように、勅偈に説かれる護法神の数は、二十八尊よりはるかに多く、四十九尊ほどになってしまう。そこで現行の二十八部衆は、『千手経』に基づきながら、日本で独自に成立した尊格群と見られてきた。

ところが鎌倉初期に成立した『別尊雑記』（『大正大蔵経』図像部第三巻一五四頁）には、千手観音二十八部衆の図像が収録されており、「唐本」と注記されている。また三十三間堂の文永

写真42：三十三間堂千手観音像胎内より発見された摺仏（妙法院提供）

復興（一二六六年）で制作された千体千手観音の胎内から発見された摺仏（写真42）にも、これとほぼ同じ図像の千手観音二十八部衆が描かれている。もしこれが本当に唐本、つまり中国から舶載された資料ならば、二十八部衆の原型は中国にあったことになる。

いっぽう円仁（七九四〜八六四）の

『入唐求法巡礼行記』には、中国の聖地、五台山竹林寺で「二十八天釈梵王」の礼讃《らいさん》を目撃したとの記録がある。円仁は二十八天の内訳を記録していないが、その題名から考えて、梵天・帝釈天に率いられた仏教守護の神々の群像であったと思われる。もしこれらの記述を信じるなら、二十八部衆の日本成立説は根底から揺らいでしまう。

そこでこの問題について考えてみよう。まず現在の中国には「二十八天釈梵王像」の存在は確認できない。しかし「二十諸天」と呼ばれる護法神の一群があり、観音だけでなく他の尊格の眷属としても、しばしば造立されている。また二十諸天に、緊那羅《きんなら》・東岳《とうがく》大帝・紫微《しび》大帝・雷神を加えると二十四諸天になるが、この中には東岳大帝・紫微大帝といった道教の神々が含まれている。

二十諸天と二十八部衆を比較すると十二尊が重複するが、違いもある。まず二十八部衆では、仁王の吽形《うんぎょう》(密迹金剛《みっしゃくこんごう》)と阿形(那羅延堅固《ならえんけんご》)は別尊となっているが、二十諸天では金剛密迹一尊だけである。いっぽう二十八部衆の「大弁功徳」は、二十諸天では大弁才天、大功徳天と、別の尊格になっている。さらに二十諸天には、現行の二十八部衆には含まれない韋駄《いだ》天、堅牢《けんろう》地神《じしん》、菩提樹神などが含まれている。しかし二十諸天も、しばしば風神・雷神を伴うことがあるなど、共通点も多い。このうち堅牢地神と菩提樹神は、『金光明経』に説かれる護法神であり、二十諸天も、『金光明経』の影響を受けていることを示している(表2参照)。

（表2）二十八部衆（旧尊名）の構成

尊格グループ	尊名（平成30年の再編以前のもの）
仁王	◎●▲1．密迹金剛（吽形）、3．▲那羅延堅固（阿形）
四天王	◎●▲11．東方天（持国天）、◎●▲13．毘楼勒叉天（増長天）、◎●▲14．毘楼博叉天（広目天）、◎●▲15．毘沙門天（多聞天）
梵天・帝釈天	◎●▲26．大梵天王、◎●▲9．帝釈天
八部衆	▲8．五部浄居天（天）、▲◎●20．沙羯羅王（龍）、▲7．畢婆迦羅王（夜叉）、▲◎22．乾闥婆王、▲◎21．阿修羅王、▲◎23．迦楼羅王、▲◎24．緊那羅王、▲25．摩睺羅迦王
両脇侍	▲17．婆籔仙人、▲◎●10．大弁功徳天
その他	27．金大王、28．満仙王、▲◎4．金毘羅王、△5．満善車王、▲16．金色孔雀王、▲◎●12．神母天（訶梨帝母）、▲◎●18．散脂大将、▲◎19．難陀龍王、▲◎●2．摩醯首羅王、△6．摩和羅女

▲は『千手経』勅偈に対応する護法天、△は勅偈の尊名を一部改変しているもの。◎を付したのは『金光明経』「鬼神品」、●は中国の二十諸天と重複するもの。

また「唐本」とされた『別尊雑記』や文永復興時の摺仏を見ると、二十八部衆の中に、明らかに中国風の服装をしているものがある。これらの事実から、「唐本」に描かれた千手観音の眷属は、三十三間堂で確立する日本の二十八部衆と、完全に同一ではないことが分かる。そしてこれらの眷属は、今日の中国に見られる二十諸天の原型をなすものと思われる。

「三武一宗の法難」と通称されるように、中国の仏教は、為政者による組織的な弾圧を繰り返し受けてきた。さらに文化大革命によって、壊滅的な被害を受けた寺院も

写真 43：二十八天（北京・大慧寺、王敏慶氏撮影）

少なくない。そのため二十諸天も、文化大革命後の復興像が多く、古い作例に乏しいため、その起源を明らかにすることが難しい。

なお北京大慧寺の大悲宝殿には、千手観音を本尊として、二十諸天を増広した二十八天が祀られている（写真43）。これは千手観音の眷属として造立され、尊数が二十八である点も三十三間堂像と共通しているが、明の正徳八（一五一三）年の創建で時代が下がる。また二十諸天に付加された護法神も、八部衆などの伝統的護法神から採られており、『千手経』の勅偈に関連するものは少ない。

その中で唐代に遡りうる千手観音の眷属像としては、本書12章取り上げた四川省丹棱鄭山第40号龕の千手観音像（八世紀）が注目されるが、眷属のサイズが小さいので、一々の尊名を確定することは難しい。左右辺を合計した尊数は、二十八尊をはるかに超え、五十尊ほどになるので、二十八部衆というより勅偈所説の眷属を造像したものと思われる（写真44・45）。

そこで次章では、伽梵達摩訳『千手経』の勅偈に説かれた護法神群を、サンスクリットが残存している『金光明経』「鬼神品」や、前述のチベット系資料を参照しながら再検討し、現行の二十八部衆と比較することにしたい。

写真44：千手観音の眷属像（丹棱鄭山・右辺）

写真45：千手観音の眷属像（丹棱鄭山・左辺）

第21章　密迹金剛士とその眷属

本書第19章で見たように、二十八部衆の原型は、『千手経』の勅偈にあるが、『千手経』のサンスクリット原典は発見されておらず、法成のチベット訳も、伽梵達摩訳からの重訳なので、二十八部衆一尊一尊のサンスクリット尊名を確定する作業は難航した。

ところが前述のように、私が、『チベット大蔵経』に収録される法成訳とは別の千手観音の経典を捜索したところ、『千手経』の勅偈に似た、護法神名を列挙する偈文が見いだされた。しかも護法神の順序は、伽梵達摩訳や法成訳と大きく異なるので、少なくとも伽梵達摩訳を重訳したものではなく、別のサンスクリット原典から訳されたことが分かった。

そこで、これからの三章では、勅偈に説かれた千手観音の眷属を、定深の『千手経二十八部衆釈』の四十九尊の順序に従って再検討することにしたい。

なお表3では、左欄に十四偈からなる勅偈の順序に従って眷属の尊名を掲げ、法成訳（東北No.六九一）、デルゲ版所収のチベット訳儀軌（東北No.六九〇）、北京版所収のチベット訳（北京No.

（表3）『千手経』勅偈眷属漢蔵対照表（1）

第1偈	法成訳(東北 No.691)	東北 No.690	北京 No.368
1. 密跡金剛士	1.gsaṅ ba'i bdag po rdo rje 'chaṅ	5.lag na rdo rje	1.gsaṅ 'dzin
2. 烏芻	3.sme brtsegs	1.khuṅ bu mig?	3.rdo rje 'chol ba
3. 君荼	2.bdud rtsi 'khyil ba	2.stobs po che?	2.thal sbyor (=thab sbyor)
4. 鴦倶尸	4.lcags skyu can/	4.lcags kyu	4.lcags kyu
5. 八部力士賞迦羅	5.stobs ldan śaṅ ka ra daṅ sde brgyad dag	3.lu gu rgyud	5.lu gu rgyud daṅ stobs chen sde brgyad rnams

三六八）の順に、対応する尊名をチベット語で示した。いっぽう尊名に付した番号は、それぞれのテキストで護法神が説かれる順番を示している。

定深によると、第一偈には五尊が説かれている。このうち①密跡（勅偈では「跡」の字が使われている）金剛士は金剛手（ヴァジュラパーニ）とも呼ばれ、初期仏教の時代から、ブッダのボディーガードを務める夜叉神として、仏典にしばしば登場する。金剛手は、本来は帝釈天の武器であった金剛杵《しょ》を持って、ブッダを護衛する守護神である。通常は神通力で姿を隠しているが、ブッダに危難が迫ると、姿を現して仏敵を退治すると考えられたのである。

ガンダーラの仏伝レリーフでも、ブッダの身に危険が迫ると、今日のＶＩＰを警護するボディーガードのように、金剛手がブッダの背後に姿を現している。またアフガニスタンのタパ・イ・ショートルには、ギリシャ神話のヘラクレスをモデルにした逞しい執金剛神像《しゅうこんごうじんぞう》(クシャン朝)があり、ヘラクレス・ヴァジュラパーニと呼ばれていたが、惜しくもアフガニスタン内戦で破壊されてしまった。

このような逞しい力士形《りきしぎょう》の執金剛神の姿を伝えるのが、日本の寺院の山門に見られる仁王像である。仁王は正しくは二王と書き、本来は一人の執金剛神を、寺院を守護するため、門の左右に二体造立したものである。また東大寺法華堂(三月堂)の執金剛神像は、力士形ではなく、甲冑を着用した武装神将形で、独尊として造立された執金剛神像の優れた作例である。なお東大寺法華堂像は、本尊不空羂索観音の背後の厨子の中に後向きに安置される秘仏で、その安置形態は、普段は神通力で姿を隠しているが、ブッダに危難が迫ると姿を現すという、執金剛神の性格を反映している。

そして密教の時代に入ると、金剛手の地位は次第に向上し、ついに金剛薩埵《こんごうさった》と呼ばれる密教の中心的尊格にまで昇格する。

つぎの②烏芻は、定深によって烏枢沙摩《うすさま》明王とされたが、いままで裏づけが取れなかった。この度、北京№三六八を調べたところ、金剛烏枢沙摩(rdo rje 'chol ba)という尊名が確認された。いっぽう法成は、「汚れの堆積」(sme brtsegs)としているが、これは烏枢沙摩明王の別名である穢積《えしゃく》金剛を訳したものと思われる。以上の事実から、②烏芻を烏枢沙摩とした定深の比定が裏づけられた。

いっぽう③君荼は軍荼利《ぐんだり》明王とされてきた。法成は、甘露軍荼利(bdud rtsi 'khyil ba)とするが、これは重訳なので、決定的証拠とはなりえない。そこで北京№三六八を調べたところ、thal sbyor の語が確認された。thal sbyor は thab sbyor の誤綴で、軍荼利を意味する。これに対して東北№六九〇は大力明王 stobs po che と訳している。

なお敦煌莫高窟第一四八窟の千手千眼観音変は、観音の向かって右下に軍荼利明王、左下に烏枢沙摩明王を配している。これによって『千手経』の勅偈に基づく眷属の配置が、少なくとも一例は確認された。ただし大英博物館の千手観音像では、向かって左は火頭《かず》金剛、つまり烏枢沙摩明王だが、右は軍荼利ではなく青面《しょうめん》金剛となっている。さらに敦煌からは、軍荼利の代わりに馬頭明王を描いた作品もあり、勅偈に基づく烏枢沙摩と軍荼利の組み合わせが、必ずしも一般的でなかったことを暗示している。さらに前述の丹棱鄭山でも、千手観音の仏龕の左右に二体の忿怒明王(写真46)が浮彫されている。これも丹棱鄭山の千手観音眷属が、勅偈所説の眷属であることを示唆している。

④鴦倶尸《おうくし》はサンスクリット語のアンクシーの音写で、定深以来、鉤召《こうしょう》神と解釈されてきた。なお定深は、鴦倶尸を馬頭尊と結びつけるが、これは本書第11章で見た『初会金剛頂経』「遍《へん》調伏《ちょうぶく》品」で、東門の門衛＝金剛鉤菩薩が馬頭観音になるからである。しかし『千手経』が成

写真 46：忿怒明王（丹棱鄭山・左辺）

立した時、『初会金剛頂経』の第三章である「遍調伏品」は、まだ成立していなかったので、時代錯誤である。

なお鴦倶尸と同音の央倶尸という尊格が、『千手経』とほぼ同時期に訳された『陀羅尼《だらに》集経《じっきょう》』に説かれている。しかもその前には、⑤八部力士賞迦羅《しょうから》の「賞迦羅」に対応する商迦羅が説かれている。なお賞迦羅を、定深や法成は誤ってシヴァ神の別名シャンカラ（Śaṃkara）と解したが、サンスクリット語からのチベット訳は二訳とも鎖（lu gu rgyud）としており、シュリンカラー（鏁女）とするのが正しい。このことは善無畏が『大日経』で、胎蔵曼荼羅の金剛鏁女《さ》を、「金剛商掲羅《しょうぎゃら》」と訳していることからも確認できる。

④鴦倶尸は仏教に敵対する鬼神を鉤《かぎ》で召集し、⑤賞迦羅は悪事を働かないよう鎖で拘束してしまう金剛手の眷属である。②烏芻と③君荼が、忿怒の形相著しい明王であるのに対し、彼らはいずれも女性尊で、胎蔵界曼荼羅では金剛鉤女《こうにょ》（写真47）と金剛鏁（写真48）として金剛手院に列している。

また定深は、八部力士を賞迦羅と同体と考えたが、女性尊である賞迦羅が「力士」というのは奇妙である。これもチベット訳に従って、八部力士と賞迦羅は別尊と解釈すべきである。なお力士を、現行の二十八部衆の那羅延堅固と同一視する見解があるが、これについては後述する。

このように第一偈に説かれる五尊は、金剛手つまり①密跡金剛士の配下であり、仏教に敵対する者を調伏《ちょうぶく》する任務を負っていたことが分かる。ところが後の二十八部衆では、①密跡金剛士以外は除外されてしまった。これは他の四尊が、①密跡金剛士の眷属であったことと、二十八部衆が仏教の守護神の集団であるのに対し、彼ら四尊は神々を調伏する仏教内部の尊格だ

写真 47：金剛鉤女（胎蔵界曼荼羅）

写真 48：金剛鏁（胎蔵界曼荼羅）

ったからと思われる。

第22章　仏教の伝統的護法神

仏教は、きわめて初期の段階から、インド土着の神々を護法神として受容してきた。これらは天・龍・夜叉・乾闥婆《けんだつば》・阿修羅・迦楼羅《かるら》・緊那羅《きんなら》・摩睺羅伽《まごらか》の八部衆と総称された。ところが八部衆の実作例である興福寺像は、寺伝では五部浄《ごぶじょう》、沙羯羅《しゃがら》、鳩槃荼《くばんだ》、乾闥婆、阿修羅、迦楼羅、緊那羅、畢婆迦羅《ひばから》と呼ばれている。

天とはバラモン教・ヒンドゥー教の神々の総称であるため、実際の造像に当たっては、特定の天の像を制作しなければならない。龍にも八大龍王、夜叉にも八大夜叉大将がいる。そこで天を代表するものとして色界《しきかい》の最高処に住む五部浄居天《ごぶじょうごてん》、龍神の代表者として大海に住む沙羯羅龍王というように、代表的な神を選んでモデルにしたものと思われる。

八部衆の拡大版ともいうべき二十八部衆にも、これらの伝統的護法神が多数含まれている。そこで本章では、『千手経』の勅偈に説かれる伝統的護法神を、グループごとに概観することにしたい。ただし夜叉に属する神々は数が多く、種々の問題があるので、次章でまとめて見る

（表 4）『千手経』勅偈眷属漢蔵対照表（２）

第２偈	法成訳（東北 No.691）	東北 No.690	北京 No.368
6．摩醯	dbaṅ phyug	6.dbaṅ phyug che	7.dbaṅ ldan
7．那羅延	mthu chen	7.khyab 'jug	6.sred med bu
8．金毘羅陀	ku be ra	9.drag po daṅ/ 10.kum bi ra	8.kum bi ra
9．迦毘羅	ser skya'i bdag po dag	11.ser skya	9.ka pa li ka
第５偈			
17．畢婆伽羅王	pi pa ka la'i rgyal po	16.piṅ ga la	17.bi rva ka la rgyal
18．応徳	dpal ldan	21.lha mo dpal	18.iṅ dig
19．毘多	pyi ta	24.ro laṅs	19.pi ta
20．薩和羅	svar ha rā	25.maṅ po 'dzin?	20.sa rag
第６偈			
21．梵摩三鉢羅	tshaṅs pa daṅ ni sam ba ra	20.mi mjed bdag 13.bde mchog	21.tshaṅs pa chen po 22.sam bra kra
22．五部淨居	gnas gtsaṅ sde lṅa dag	26.gtsaṅ ma'i gnas kyi lha rnams	23.tshaṅs ris lha yi sde
23．炎摩羅	mtshe ma dag	17.gśin rje	24.gśin rje

第7偈			
24. 釈王三十三	brgya byin sum cu rtsa gsum lha	23.lha yi dbaṅ po brgya byin	25.brgya byin sum bcu gñis
25. 大弁	spobs chen	22.dbyaṅs can	26.dbyaṅs can
26. 功徳	dpal ldan	21.lha mo chen mo	27.dpal
27. 婆(娑) 怛那	sa ta na		28.sa ta na
第8偈			
28. 提頭頼吒王	yul 'khor sruṅ	31.yul 'khor sruṅ daṅ skyoṅ byed	30.'jig rten skyoṅ ba gnas bsruṅs
29. 神母女等大力衆	ma mo lha la sogs pa mthu chen 'khor	30.'phrog ma bu daṅ bcas pa	29.ma mo la sogs mthu chen rnams
第9偈			
30. 毘楼勒叉王	rgyal po 'phags skyes po	33.'phags skyes	31.'phags skyes
31. 毘楼博叉	mig mi bzaṅ	32.mig mi bzaṅ	32.mig mi bzaṅ
32. 毘沙門	rnam thos bu	29.rgyal po rnam thos bu	33.ṅal bso
第10偈			
33. 金色孔雀王	gser mdog rma bya'i rgyal po	34.skem byed gźon nur gyur pa	34.gser can daṅ ni rma bya chen mo
34. 二十八部大仙衆	sde dpon ñi śu brgyad daṅ draṅ sroṅ 'khor	39.'draṅ(sic) sroṅ ñi śu rtsa brgyad	35.rig 'dzin ñi śu rtsa brgyad

第 12 偈			
38. 難陀	dga’ bo	35.dga’ bo	39.klu’i rgyal po dga’ bo
39. 跋難陀	bsñen dga’ bo	36.ñe dga’	40.ñe dga’ bo
40. 婆(娑) 伽羅龍	klu rgyal rgya mtsho	38.rgya mtsho	41.ma dros
41. 伊鉢羅	e la’i ’dab	40.klu yi rgyal po ut pal	42.klu yi rgyal po i la ma
第 13 偈			
42. 脩羅	lha ma yin	42.lha min	43.lha ma yin
43. 乾闥婆	dri za	44.dri za	44.dri za
44. 迦楼	mkha’ ldiṅ	48.mkha’ ldiṅ	45.nam mkha’ ldiṅ
45. 緊那	mi ’am ci	43.mi ci	46.mi ’am ci
46. 摩睺羅	lto ’phye rnams	41.lto ’phye che rnams	47.lto ’phye chen po
第 14 偈			
47. 水火雷電神	chu daṅ me daṅ glog gi lha	45.chu daṅ me yi lha rnams... glog daṅ sprin	49.chu daṅ me daṅ rluṅ lha daṅ ’brug daṅ klog gi lha
48. 鳩槃茶王	grul bum bdag po	47.grul bum	48.’byuṅ po
49. 毘舎闍	śa za	46.śa za rnams	51.śa za

ことにしたい。

定深によると、『千手経』勅偈の第二偈には⑥摩醯《まけい》、⑦那羅延《ならえん》、⑧金剛羅陀《こんごうらだ》、⑨迦毘羅《かびら》の四尊が説かれている。このうち⑥摩醯は摩醯首羅《まけいしゅら》の略で、ヒンドゥー教の最高神シヴァ神を意味する。これに対して⑦那羅延は、ヒンドゥー教でシヴァ神と人気を二分する、もう一人の大神ヴィシュヌ神である。現行の二十八部衆では、仁王の阿形に当たる那羅延堅固がヴィシュヌに相当する（写真49）。これはヴィシュヌ神が怪力の持ち主とされるからである。

写真 49：三十三間堂の那羅延堅固像（妙法院提供）

なお定深は、⑧金剛羅陀を金毘羅陀《こんびらだ》と読んでいる。現行の『大正大蔵経』には、金毘羅陀という異読はないが、チベット訳を見ると、東北No.六九〇、北京No.三六八ともに、クンビラ（Kum bi ra）と音写しており、定深の読みが正しいことを示している。なお東北No.六九〇は「ルドラとクンビラ」（drag po daṅ kum bi ra）と訳しており、金毘羅陀の羅陀をシヴァ神の別名ルドラ、あるいはそれが形容詞化したラウドラ（凶暴な）と解している。その場合、正しくは金毘羅羅陀とすべきであるが、字数を揃えるため一字省略したのであろうか。

『菩薩蔵経』によれば、金毘羅は王舎城在住の夜叉神で、ブッダから授記を受けたという。いっぽう『月灯三昧経《がっとうさんまいきょう》』にも王舎城在住の夜叉神、金毘羅が登場するが、サンスクリット写本ではKimpiloと綴られている。

金毘羅は、十二神将の宮毘羅《くびら》大将や讃岐の金比羅権現と同一視されるが、ガンジス河のワニを神格化した水運の神とするならKumbhira（鰐）でなくてはならない。いっぽう宮毘羅大将のサンスクリット名はKimbhīraである。Kimbhīraは、「何を恐れることがあろう」という意味になり、勇猛な夜叉神の名にふさわしい。『菩薩蔵経』の新訳で、惟浄《いじょう》が「無怖」と訳したのはそのためである。

このように『ヴェーダ』以来、れっきとしたサンスクリット名があるバラモン教の神々と異なり、夜叉神は民間信仰から入ったため、テキストによって尊名に揺らぎがある。そのことが勅偈に説かれる夜叉神の同定を困難にした一因と思われる。

⑨迦毘羅は、『孔雀経』に、多稲城に住む夜叉神＝劫比羅（Kapila）として説かれ、転法輪菩薩の眷属である十六大護《だいご》の一尊にも数えられる。

第五偈には⑰畢婆伽羅《ひばから》王、⑱応徳、⑲毘多《びた》、⑳薩和羅《さわら》が説かれている。このうち⑰畢婆伽羅王は、興福寺八部衆や現行の二十八部衆にも含まれるが、サンスクリット名が不明な謎の尊格である。定深は『金光明経』「鬼神品」の獮猴《みこう》王と同一視するが、獮猴王のサンスクリット名はマルカタ（markaṭa）であり、一致しない。いっぽう東北№六九〇は、ピンガラ（Piṅgala）とする。ピンガラは、ハーリーティーとパーンチカの末子、氷羯羅《ひょうぎゃら》天であるが、ピンガラとするには畢婆伽羅の「婆」の字が余計である。北京№三六八の音写 bi rva ka la rgyal は、サンスクリットとしては bilvakararāja（吉祥果を作る王者）が思い当たるが、そのような護法神は見当たらない。

つぎの⑱応徳を、東北№六九〇は吉祥天女（lha mo dpal）とするが、第七偈と重複している。さらに東北№六九〇は⑲毘多を起屍鬼（ヴェーターラ）と解している。最後の⑳薩和羅は、意味不明である。

第六偈には㉑梵摩三鉢羅、㉒五部浄居《こぶじょうご》、㉓炎摩羅《えんまら》の三尊が説かれている。定深は㉑梵摩三鉢羅を大梵天と解したが、チベット訳三本では、梵摩と三鉢羅は別尊となっている。なお三鉢羅は Saṃvara の音写で、後期密教の守護尊と同名であるが、『千手経』が意図していたのは阿修羅王のサンヴァラと思われる。この阿修羅王は『金光明経』「鬼神品」のほか、吐蕃時代に編集された対訳辞書『翻訳名義大集』にも出ている。㉒五部浄居は、前述の五部浄居天の略である。㉓炎摩羅は、ヒンドゥー教の冥界の主ヤマ神のことである。法成が双子（mtshe ma dag 双数形）と訳したのは、ヤマが双子の妹ヤミーと結婚したカップル（炎摩羅）であることを示している。

第七偈には㉔釈王三十三、㉕大弁、㉖功徳、㉗婆怛那の四尊が説かれている。㉔釈王三十三とは帝釈天のことで、三十三天（忉利《とうり》天）の主であるから、釈王三十三といわれる。㉕大弁は弁才天、㉖功徳は吉祥天の異訳であるが、現行の二十八部衆では、両者が融合して「大弁功徳天」となった。㉗婆怛那は、チベット訳の音写字を見る限り、異読の娑怛那（Satana）が正しいが、サンスクリットとしては意味不明である。

第八偈には、㉘提頭頼吒《だいづらた》王、㉙神母女《じんもにょ》等大力衆の二尊が説かれている。㉘提頭頼吒王とは、四天王の東方持国天である。㉙神母女とは、鬼子母神《きしもじん》の名で親しまれるハーリーティー（訶梨《かり》帝母《ていも》）で、東北№六九〇のチベット訳'phrog ma もハーリーティーを支持している。二十八部衆の旧尊名では神母天《じんもてん》と呼ばれていたが、今回の配置換えで、本来の尊名である神母女に改められた。

第九偈には、㉚毘楼勒叉《びるろくしゃ》王、㉛毘楼博叉《びるばくしゃ》、㉝毘沙門《びしゃもん》の三尊が説かれている。これは四天王の南方増長天、西方広目天、北方多聞《たもん》天に相当し、チベット訳三本もほぼ同様に訳している。

第十偈には、㉝金色《こんじき》孔雀王と㉞二十八部大仙衆が説かれている。このうち㉝金色孔雀王は、現行の二十八部衆にも含まれるが、その起源は謎に包まれている。「金色孔雀王」の名は、陀羅尼経典『孔雀経』の古訳『金色孔雀王呪経』を初出とするが、いまだ呪文自体は尊格化されていない。これに対して『孔雀経』を尊格化した孔雀明王は女性尊で、二十八部衆の金色孔雀王のような男性ではない。

　これに対して敦煌画の千手観音の眷属には、孔雀に騎乗した「孔雀王」が、ガルダに騎乗した金翅鳥《こんじちょう》王と対称的な位置に描かれている。なお雲崗《うんこう》第八窟に、孔雀に騎乗する鳩摩羅《くまら》天が、牛に騎乗する摩醯首羅天と対称的な位置に浮き彫りされた例がある（写真50）。また東北No.六九〇では、金色孔雀王に相当する尊格が鳩摩羅天（skem byed gžon nur gyur pa）と訳されている。これらの事実から、金色孔雀王は、インドの軍神で孔雀を乗物とする鳩摩羅天と、『孔雀経』信仰が習合したものと見ることができる。また鳩摩羅天が中国化した韋駄天が、前述の二十四諸天に含まれているのも興味深い。

写真50：鳩摩羅天（雲崗第八窟）

　いっぽう㉞二十八部大仙衆は尊格群であるが、現行の二十八部衆の婆藪《ばそう》仙が、それに対応すると考えられる。婆藪仙が

写真51：三十三間堂の毘舎闍（旧乾闥婆王）（妙法院提供）

大弁功徳天とともに、千手観音の脇侍となった理由については諸説あるが、いまだ定説は現れていない。

第十二偈は『千手経』の受持者を護る龍神として、㊳難陀《なんだ》、㊴跋難陀《ばつなんだ》、㊵娑伽羅龍《しゃがらりゅう》、㊶伊鉢羅《いはつら》の四尊を説いている。漢訳とチベット系資料は、東北№.六九〇が㊶伊鉢羅をウトパラ龍王とする以外は、よく一致し、大きな問題はない。なお㊶伊鉢羅は三十三間堂の二十八部衆（旧尊名）から除外されていたが、平成の配置換えで復活した。

第十三偈は、㊷脩羅、㊸乾闥婆、㊹迦楼、㊺緊那、㊻摩睺羅の五尊を説いている。これらは八部衆のうち、多くの尊格が選ばれた天、龍、夜叉の三グループを除いた五種、すなわち阿修羅、乾闥婆、迦楼羅、緊那羅、摩睺羅伽に対応する。伽梵達摩訳とチベットの三訳は完全に一致しており、問題はない。

そして最後の第十四偈は、㊼水火雷電神、㊽鳩槃荼《くばんだ》王、㊾毘舎闍《びしゃじゃ》の三尊を説いている。このうち㊼水火雷電神は、二十八部衆に付加された風神・雷神の原型として注目される。また㊽鳩槃荼王は、本来の八部衆には数えられないが、興福寺の八部衆には含まれている。ただし現行の二十八部衆には対応するものがない。そして㊾毘舎闍（piśāca）は屍肉を喰らう悪鬼で、旧来の二十八部衆には含まれていなかったが、平成の配置換えで復活した（写真51）。

第23章　多彩な夜叉神の世界

仏教は、きわめて初期の段階から、インド土着の神々を護法神として受容してきた。この中には、梵天・帝釈天のようなバラモン教の最高神もあったが、ヤクシャ（夜叉）と呼ばれる非アーリヤ系の土着神も数多く含まれていた。

前述のように、二十八部衆に含まれる神々の多くは、『金光明経』「鬼神品」と共通している。また同経には、二十八部の夜叉神が説かれており、二十八部衆の二十八という数字も、その影響下に成立したと考えられる。しかし二十八部衆には、梵天・帝釈天、龍神や阿修羅のように、夜叉神とは別のグループに属する神々も含まれている。それでも夜叉神は、現行の二十八部衆の中で最大の勢力を誇っている。

そこで本章では、『千手経』勅偈の第三、第四、第十一偈を中心に、千手観音の眷属となった夜叉神のグループを見ることにしたい。

定深によると、第三偈には⑩婆駁婆楼羅《ばそうばるら》、⑪満善車鉢《まんぜんしゃはつ》、⑫真陀羅《しんだら》の三尊が説かれている。⑩

（表5）『千手経』勅偈眷属漢蔵対照表（3）

第3偈	法成訳（東北 No.691）	東北 No.690	北京 No.368
10. 婆駁婆（＝婆）楼羅	nor sruṅs daṅ ni chu lha	8.nor gyi bu	10.ba hu chu bdag
11. 満善車鉢	dge rgyas	15.su ma la?	11.legs ldan
12. 真陀羅	tsi tra dag	14.tsin da la	12.mgrin bcu daṅ ni tsan da ra
第4偈			
13. 薩遮	sa sar ca	18.bden pa po?	15.san tsam pal
14. 摩和羅	ma hā ra		
15. 鳩闌単吒	ku la nta nta	19.so brtsegs	14.ka lan ta ka
16. 半祇羅	lṅas rtsen	12.lṅas rtsen	16.pan ki la daṅ
第11偈			
35. 摩尼跋陀羅	nor bu bzaṅ po	28.nor bu bzaṅ	36.gnod sbyin sde dpon chen po nor bzaṅs
36. 散支大将	sde dpon chen po sa 'dzin	27.yaṅ dag śes	38.yaṅ dag śes
37. 弗羅婆	pu la pa	37.stobs kyi lha?	37.gaṅ ba bzaṅ

婆駁婆楼羅は水の神ヴァルナ（水天）とされ、夜叉神ではない。『千手経』で婆駁が冠されるのは、ヴァルナがヴァス（Vasu）神群に属するためと思われる。

なおこれを現行の婆籔仙と結びつける説もあるが、婆籔仙は第十偈に説かれる
㉞二十八部大仙

衆を代表すると考えた方がよい。

これに対して⑪満善車鉢の満善はプールナバドラである。八大夜叉の一つに数えられる有力な夜叉神で、仏典にしばしば登場する。満賢《まんけん》大将、プールナバドラを音写して富那跋陀ともいう。

なお定深は満善と車鉢を一つの尊名と見たが、これも二尊の名を合成したものである。なお車鉢羅婆という夜叉神が、曇無讖訳と合部『金光明経』の「鬼神品」に現れる。『金光明経』のサンスクリット原典ではチャガラパーダ（Chagalapāda）、つまり山羊の足を持つ者とあり、義浄訳『金光明最勝王経』では「羊足」、対応するチベット訳でも「山羊の足」（ra rkaṅ）と訳している。つまり満善車鉢は、プールナバドラとチャガラパーダという二人の夜叉神の名を接合して、一つの尊名にしたことが分かる。そして三十三間堂二十八部衆（旧尊名）では鉢の字を王に変え、長らく満善車王という尊名が使用されていた。

いっぽう⑫真陀羅は、定深以来、薬師十二神将の真達羅大将と同躰といわれてきた。なお薬師十二神将は、十二夜叉大将とも呼ばれ、薬師如来の信者を護る十二人の夜叉神の総称である。また『陀羅尼集経』の十六大薬叉将にも真特嚕《しんどろ》大将があり、同一と思われる。なお『薬師経』にはギルギット出土のサンスクリット原典があり、それによれば真達羅大将のサンスクリット尊名は、Cindāla である。これに対して東北No.六九〇は、チベット文字で tsin da la と音写している。サンスクリット語のcaはチベット文字ではtsaで写すのが慣例だから、両者は一致している。したがって⑫真陀羅を十二神将の真達羅大将と同一視する定深の見解は、妥当といえる。なお日本では、徳川家康を真達羅大将の生まれ変わりという。これは家康が寅年の寅の日、寅の刻の生まれとされるところから、寅神の真達羅大将と関連づけたものである。

定深によると、第四偈には、⑬薩遮《さしゃ》、⑭摩和羅《まわら》、⑮鳩闌単吒《くらんたんた》、⑯半祇羅《はんぎら》の四尊が説かれている。定深は⑬薩遮と⑭摩和羅を、東晋の『灌頂経』に現れる神名と解釈しているが疑わしい。薩遮は、『薩遮尼乾子経』に登場するジャイナ教の修行者サティヤカ（Satyaka）の音写に用いられている。いっぽう東北№.六九〇は、⑬薩遮をbden pa poと訳するが、これもサティヤカに対応する。したがって⑬薩遮がサティヤカであった可能性は高い。しかし『薩遮尼乾子経』のサティヤカは外道の修行者で二十八部衆とは関係がない。また初期密教経典に、サティヤという精霊が出ることがあるが、サティヤカなる夜叉神を発見することはできなかった。

いっぽう⑭摩和羅も、法成訳ma hā ra以外の二本で、対応する尊名を確認できなかった。ただし薬師十二神将の摩虎羅《まこら》大将はサンスクリット名がMahālaであり、当時の漢語にはraとlaの区別がなかったから、あるいは同一かもしれない。

定深は⑮鳩闌単吒を『灌頂経』の鳩羅檀提と結びつけたが、鳩羅檀提は『金光明経』「鬼神品」にも出て、サンスクリット名はクータダンティー（Kūṭadantī）と確認できる。この名は

写真52：塩船観音寺二十八部衆の10号像（現毘楼博叉天、塩船観音寺所蔵）

『法華経』の十羅刹女の曲歯《きょくし》と同一である。いっぽう東北No.六九〇のチベット訳 so brtsegs も、これを支持するから、そのサンスクリット名は、クータダンティーあるいは、その男性形であるクータダンタと推定できる。

⑯半祇羅は、対応するチベット訳二本が、いずれも lṅas rtsen と訳している。これは八大夜叉大将の一人、パーンチカに相当する。パーンチカは、ハーリーティー（鬼子母神）の夫とされ、ガンダーラでは、しばしばハーリーティーとの夫婦像が造立された。ただしアジャンター石窟などでは、ハーリーティーの夫として別の夜叉神ジャンバラが造られている。これはパーンチカの信仰が西北インドに偏っていたからと考えられる。なお半祇羅は、現行の二十八部衆に含まれないが、三十三間堂に次ぐ古作である塩船観音寺二十八部衆の10号像（現毘楼博叉天＝写真52）の頭部から、「半祇羅」の尊名書き入れが発見され、かつては二十八部衆の一尊に数えられていたことが分かった。

定深によると、第十一偈には㉟摩尼跋陀羅《まにばつだら》、㊱散支《さんし》大将、㊲弗羅婆の三尊が説かれている。

㉟摩尼跋陀羅は八大夜叉大将の一人マニバドラで、意訳して宝賢大将ともいう。インドからは古代に遡りうるマニバドラの像が、数点発見されている。二十八部衆（旧尊名）には含まれていなかったが、平成の配置換えで復活した。

㊱散支大将は、『金光明経』に説かれる夜叉神で、二十八部の夜叉神の頭領とされ、重要な役割を果たしている。その尊名はサンジャヤ（Saṃjaya）とする者が多いが、『金光明経』の梵本にはサンジュニェーヤ（Saṃjñeya）という尊名が現れ、義浄訳の「正了知大将」、チベット訳のヤンタクシェー（yaṅ dag śes）も、これを支持するから、サンジュニェーヤの方が正しい。

定深は㊲弗羅婆を布嚕拏跋陀羅、つまり満賢大将とし、㉟摩尼跋陀羅とともに多聞天の弟としている。ところが『千手経』の勅偈では、すでに第三偈に⑪満善が説かれ、これをプールナバドラに比定すると、重複することになる。ところが北京№三六八は、㊲弗羅婆をカンワサン（gaṅ ba bzaṅ）、つまりプールナバドラと訳している。これは似た構成をもつ『金光明経』「鬼神品」にも見られるが、護法神を列挙する偈においては、同一尊が重出することがある。これには韻律を整えるため、字数を揃える必要があった。あるいは護法神のリストとして、いくつかの異なった資料を参照していたなどの理由が考えられる。

なお勅偈には、第三、第四、第十一偈以外にも、夜叉神起源の護法尊が説かれるが、それらについては、すでに前章で紹介した。

第24章　勅偈から二十八部衆へ

これまで見てきたように、二十八部衆の原型は、伽梵達摩訳『千手経』の勅偈に説かれた護法神群にある。定深は勅偈に説かれた護法神の数が二十八ではなく、四十九尊になることを明らかにしたが、対応するチベット訳を参照すると、護法神の数はさらに増えて五十尊を超えることがわかった。

しかし勅偈と関係が深い『金光明経』「鬼神品」には二十八部の夜叉神が説かれ、勅偈自体にも二十八部の大仙衆が説かれるところから、千手観音の眷属は二十八部衆という通念が生まれたと思われる。

このような二十八部衆に最初に言及したテキストとしては、善無畏訳『千手観音造次第法儀軌』（大正№.一〇六八）が挙げられる。しかし同書は、「満善車鉢真陀羅」や「大弁功徳娑怛那」のように、明らかに複数の尊格からなる一句を、一尊として数えている。また全体を二十八尊とするため、八部衆を構成する尊格を割愛している。『大日経疏』や「胎蔵図像」、とくにその天部の構成からも分かるように、善無畏は、サンスクリットに通暁していただけでなく、インドの護法神についても、一方ならぬ見識を誇っていた。その善無畏が、このような初歩的な過ちを犯すはずがない。

なお本儀軌では、薩遮摩和羅の図像を「左手把宝幢。上有鳳鳥。右手施願印」と説くが、これは三十三間堂の（旧）摩醯首羅王（写真53）に一致する。このように『千手観音造次第法儀軌』が、三十三間堂像の造立に当たって参照されたことは間違いない。しかし両者の一致は散発的で、本儀軌を三十三間堂像全体の典拠と見ることはできない。

写真53：三十三間堂の薩遮摩和羅（旧摩醯首羅王）（妙法院提供）

これに対して『大正大蔵経』図像部第七巻には、「二十八部衆形像」「二十八部衆并十二神将図」という二篇の図像資料が収録されている。前者は二十八部衆の尊名を列挙し、図像的特徴を記述するだけだが、後者には図像が付せられている。なお後者は、巻頭の二尊（密迹金剛士と八部力士）を欠いているが、二篇の図像資料の間で、二十

（表6）『千手経』勅偈から二十八部衆へ

新尊名	造次第法儀軌	二十八部衆形像	『千手経』勅偈
1．風神			
2．那羅延堅固		2．八部力士	7．那羅延
3．難陀龍王	24．難陀跋難陀	23．難陀跋難陀	38．難陀
4．摩睺羅			46．摩睺羅
5．緊那羅			45．緊那
6．迦楼羅王		26．迦楼羅緊那摩睺羅	44．迦楼
7．乾闥婆			43．乾闥婆
8．毘舎闍	28．毘舎闍		49．毘舎闍
9．散支大将	23．散脂大将弗羅婆	22．散脂大将弗羅婆	36．散支大将
10．満善車鉢	6．満善車鉢真陀羅	6．満善車鉢真陀羅	11．満善車鉢
11．摩尼跋陀羅	22．摩尼跋陀羅	21．摩尼跋陀羅	35．摩尼跋陀羅
12．毘沙門天	19．毘沙門天王	18．毘沙門	32．毘沙門
13．毘楼勒叉天	17．毘楼勒叉天	17．毗楼勒叉天	30．毘楼勒叉王
14．婆籔仙	21．二十八部大仙衆	20．大仙衆	34．二十八部大仙衆
15．大弁功徳天	14．大弁功徳娑怛那	14．大弁功徳天	25．大弁／26．功徳
16．大梵天王	11．梵摩三鉢羅	11．梵摩三鉢羅	21．梵摩三鉢羅
17．帝釈天王	13．釈王三十三	13．釈王	24．釈王三十三
18．提頭頼吒天	15．提頭頼吒王	15．提頭頼吒王	28．提頭頼吒王
19．毘楼博叉天	18．毘楼博叉王		31．毘楼博叉
20．薩遮摩和羅	7．薩遮摩和羅	7．薩遮摩和羅	13．薩遮／14．摩和羅

21. 五部浄居	12. 五部浄居炎摩羅	12. 炎摩羅	22. 五部浄居
22. 金色孔雀王	20. 金色孔雀王	19. 金色孔雀王	33. 金色孔雀王
23. 神母女	16. 神母女等大力衆	16. 神母女等	29. 神母女等大力衆
24. 金毘羅	4. 金毘羅陀迦毘羅	4. 金毘羅陀	8. 金剛(＝毘) 羅陀
25. 毘婆迦羅	9. 畢婆伽羅王	9. 畢婆伽羅	17. 畢婆伽羅王
26. 阿修羅	25. 修羅	25. 修羅乾闥婆	42. 脩羅
27. 伊鉢羅			41. 伊鉢羅
28. 娑羯羅龍王		24. 娑羯羅龍伊鉢羅	40. 娑伽羅龍
29. 密迹金剛士	1. 密迹金剛士	1. 密迹金剛士	1. 密跡金剛士
30. 雷神	26. 水火雷電神	27. 火雷電神 28. 水雷電神	47. 水火雷電神
	2. 烏芻君荼鴦倶尸		
	3. 摩醯那羅達	3. 摩醯那羅達	
	5. 婆馺婆楼那	5. 婆馺婆楼那	
	8. 鳩闌單吒半祇羅	8. 鳩闌單吒	
	10. 應徳毘多薩和羅	10. 應徳毘多薩和羅	
	27. 鳩槃荼王		

八部衆の尊名と順序は、ほぼ一致している（表6参照）。

「二十八部衆形像」では、密迹金剛士は武装神将形、八部力士は力士形となるが、現行の那羅延堅固と密迹金剛が、力士形の仁王の阿形と吽形になる先駆けとして注目される。また『千手経』の水火雷電神を、鬼形の火雷電神（写真54）と水雷電神に分けている。両者は太鼓や風袋をもっている訳ではないが、現行の風神・雷神の先行図像といえる。さらに『千手観音造次第法儀軌』で欠けていた八部衆を補うため、「修羅乾闥婆」（写真55）「迦楼羅緊那摩睺羅」など、複数の八部衆を無理やり一尊にした例が見られる。また他の資料では揃っていた四天王のうち、広目天に当たる毘楼博叉王が欠けているのも気になる。

「二十八部衆并十二神将図」の図像のうち、大仙衆（写真56）は左手で経巻を持ち、右手に持った杖を地面に立てており、三十三間堂二十八部衆の婆藪仙人（写真57）に似ている。このように三十三間堂二十八部衆の造立に当たって、「二十八部衆形像」「二十八部衆并十二神将図」が参照されたことは確認できるが、尊格や図像の選択では、三十三間堂像との乖離が大きく、直接のソースになったとは考えられない。

これに対して京都三十三間堂像（旧）は、1那羅延堅固、2密迹金剛、3東方天、4毘楼勒叉天、5毘楼博叉天、6毘沙門天、7大梵天王、8帝釈天、9大弁功徳天、10摩和羅女、11神母天、12金毘羅王、13満善車王、14畢婆迦羅王、15五部浄居天、16金色孔雀王、17散脂大将、

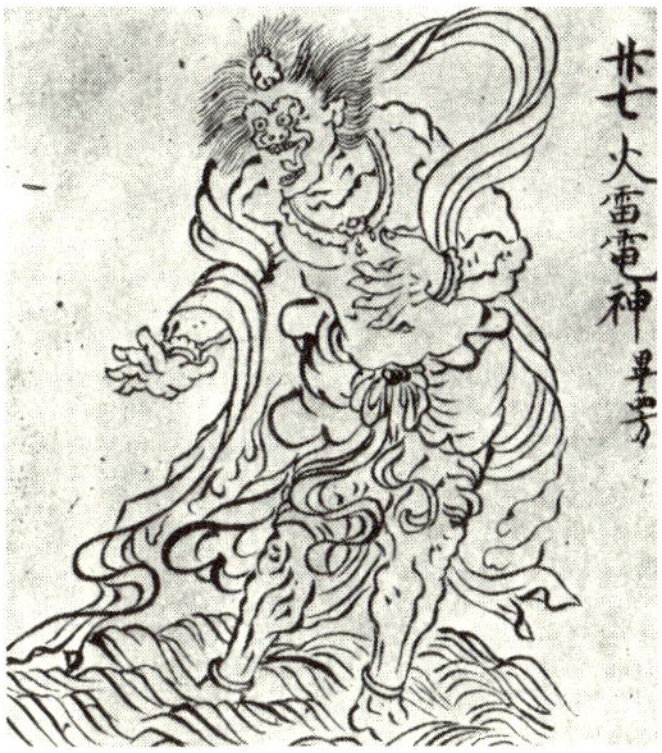

写真 54：火雷電神

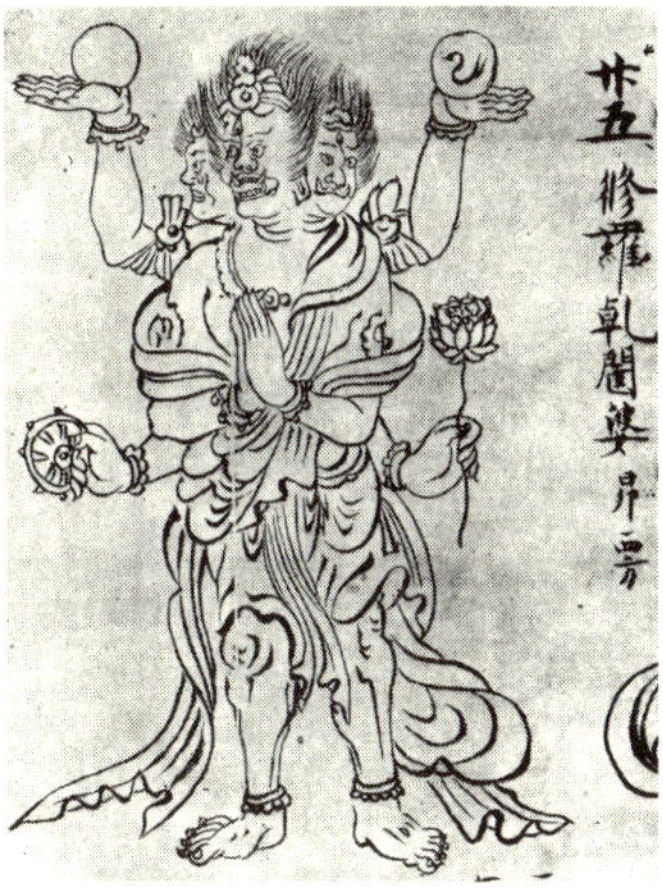

写真 55：修羅乾闥婆

写真 56：大仙衆

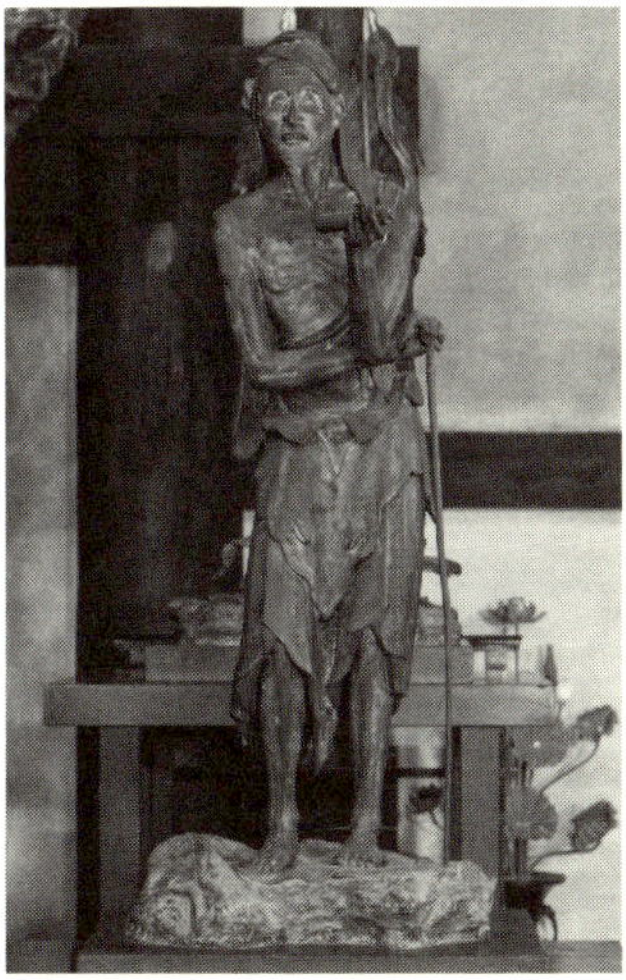

写真 57：三十三間堂の婆藪仙人
（妙法院提供）

18難陀龍王、19沙羯羅王、20迦楼羅王、21金大王、22満仙王、23摩睺羅迦王、24摩醯首羅王、25乾闥婆王、26阿修羅王、27緊那羅王、28婆藪仙人と風神、雷神の三十尊（尊名と排列順は毎日新聞社『重要文化財』による）からなっている。私たちは、この旧尊名に親しんでおり、すでに鎌倉・室町時代には、現在の尊名が定着していたと信じていた。しかしその中には、本書で考察した『千手経』の勅偈はもとより、『金光明経』「鬼神品」や中国の二十諸天にもない尊格が含まれている。

いっぽう二十八部衆の解体修理に際して、慶長年間に豊臣秀頼の命で大仏師康正《こうしょう》が行った修理時（一六〇〇〜一六〇五）の銘文が発見され、その中の数体には、現在とは異なる尊名が記されていた。これによって現行の尊名の定着は、江戸時代まで下がることが判明した。

千手観音信仰が高揚すると、各地の千手観音を本尊とする寺院で二十八部衆像が製作され、現存するものだけでも三十例以上が知られている。これらの多くは三十三間堂像を模して制作されたが、尊名を比較すると合致しないケースがある。従来は単なる誤伝として片付けられていたが、三十三間堂像と合致しないものの方が、より古い尊名を保存している可能性が出てきた。

そこで伊東史朗氏は、『日本の美術』No.三七九「八部衆・二十八部衆」（至文堂、一九九七年）において、三十三間堂像と、十四世紀初頭の制作で、三十三間堂像以外で唯一、重要文化財に指定されていた滋賀県常楽寺像、南北朝時代の千手観音二十八部衆の画像で、尊名が記入されている京都禅林寺本を比較し、正しい尊名の比定を試みた。

本書第9章で述べたように、日本の木彫仏では、持物は本体と別に制作して持たせるため、しばしば失われて後補作と入れ替わり、当初の持物が分からなくなってしまう。また肘先や手首から先が失われ、修理されている作品もあるので、そのような恐れがない尊名書き入れのある画像と比較するのは、もっとも賢明な方法であった。

伊東氏による詳しい論証は省略するが、結論のみ述べると、従来の三十三間堂像の尊名は、1那羅延堅固→力士、2密迹金剛→金剛、10摩和羅女→神母女、11神母天→乾闥婆王、13満善車王→伊鉢羅、15五部浄居天→鳩槃荼王、16金色孔雀王→五部浄居天、17散脂大将→金色孔雀王、21金大王→満善車鉢、22満仙王→散脂大将、24摩醯首羅王→薩遮摩和羅、25乾闥婆王→毘舎闍である可能性が高いことがわかった。

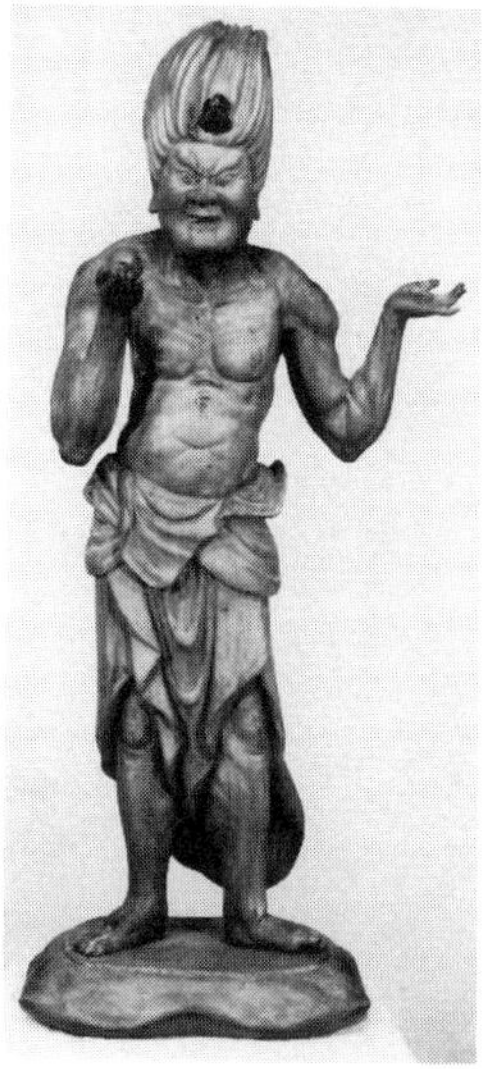

写真58：塩船観音寺二十八部衆の22号像（現摩醯首羅天、塩船観音寺所蔵）

伊東氏の尊名比定を受け入れれば、摩和羅女、満仙王、金大王という『千手経』の勅偈、『金光明経』「鬼神品」、二十諸天のいずれにもない謎の尊名が解消され、満善車鉢、薩遮摩和羅、毘舎闍という、勅偈に説かれた尊名が復活することになる。なお塩船観音寺二十八部衆の22号像（現摩醯首羅天＝写真58）の背部から、「ひしゃ〳〵」の尊名書き入れが発見され、本来は毘舎闍として造立されたことが分かった。その図像は三十三間堂の（旧）乾闥婆王に似ており、伊東氏の推定を裏づけるものといえる。

ただし伊東氏が参照した禅林寺本は南北朝時代の成立で、長寛創建（一一六四年）から二百年、文永復興（一二六六年）からも百年ほど下がるという問題があった。これに対して次章で紹介する、平成の配置換えで採用された新尊名は、伊東氏の成果を、新たな資料によって、さらに補正したものとなったのである。

第25章　二十八部衆のルーツから見て、改正案は現状では最善のもの

二十八部衆編の冒頭で述べたように、京都三十三間堂を管理する妙法院門跡は、国宝仏一〇三二体（二〇一八年三月に千体千手観音が国宝指定された）全尊修理完工を記念して二十八部衆像の再編（配置換え）を行った。

マスコミでは、俵屋宗達の風神・雷神図のモデルになった、風神・雷神の左右入れ替えばかりが注目されたが、二十八部衆のうち十三尊に及ぶ尊名変更と配置換えも、学術的に大きな意味をもっている。

前章で述べたように、旧来の二十八部衆には、典拠とされる『千手経』の勅偈に説かれない尊格が含まれるだけでなく、『千手観音造次第法儀軌』所説の図像と尊名が一致しない（旧摩醯首羅王と薩遮摩和羅）、尊格のジェンダーが一致しない（薩遮摩和羅と旧摩和羅女）など、多くの問題があった。

伊東史朗氏は、尊名記入のある禅林寺本に基づいて正しい尊名の比定を試みたが、南北朝時

（表 7）二十八部衆の尊名変更

新尊名	塗色	千手経	梵名	旧尊名
1. 風神	緑赤黒			風神
2. 那羅延堅固	朱辰砂	7. 那羅延	Nārāyana	3. 那羅延堅固
3. 難陀龍王	緑青黒	38. 難陀	Nanda	19. 難陀龍王
4. 摩睺羅	朱辰砂	46. 摩睺羅	Mahoraga	25. 摩睺羅迦王
5. 緊那羅	黄土肌	45. 緊那	Kiṃnara	12. 神母天
6. 迦楼羅王	金	44. 迦楼	Garuḍa	23. 迦楼羅王
7. 乾闥婆	朱辰砂	43. 乾闥婆	Gandharva	24. 緊那羅王
8. 毘舎闍	金	49. 毘舎闍	Piśāca	22. 乾闥婆王
9. 散支大将	黄土肌	36. 散支大将	Saṃjñeya	28. 満仙王
10. 満善車鉢	朱辰砂	11. 満善車鉢	Chagalapāda?	13. 毘楼勒叉天
11. 摩尼跋陀羅	朱辰砂	35. 摩尼跋陀羅	Maṇibhadra	27. 金大王
12. 毘沙門天	黄土肌	32. 毘沙門	Vaiśravaṇa	15. 毘沙門天
13. 毘楼勒叉天	朱辰砂	30. 毘楼勒叉王	Virūḍhaka	11. 東方天
14. 婆籔仙	黄土肌	34. 二十八部大仙衆	Vasu	17. 婆藪仙人
15. 大弁功徳天	黄土肌	25. 大弁／26. 功徳	Sarasvatī/ Śrī	10. 大弁功徳天

16. 大梵天王	黄土肌	21. 梵摩三鉢羅	Brahmā	26. 大梵天王
17. 帝釈天王	金	24. 釈王三十三	Indra	9. 帝釈天
18. 提頭頼吒天	黄土肌	28. 提頭頼吒王	Dhṛtarāṣṭra	8. 五部浄居天
19. 毘楼博叉天	黄土肌	31. 毘楼博叉	Virūpākṣa	14. 毘楼博叉天
20. 薩遮摩和羅	朱辰砂	13. 薩遮／14. 摩和羅	Satyaka?	2. 摩醯首羅王
21. 五部浄居	金	22. 五部浄居	Śuddhāvāsa	16. 金色孔雀王
22. 金色孔雀王	緑青黒黄土肌	33. 金色孔雀王	Skandha?	18. 散脂大将
23. 神母女	黄土肌	29. 神母女等大力衆	Hārītī	6. 摩和羅女
24. 金毘羅	緑青黒	8. 金剛羅陀？	Kumbira	4. 金毘羅王
25. 毘婆迦羅	緑青黒	17. 畢婆伽羅王		7. 畢婆迦羅王
26. 阿修羅	朱辰砂	42. 脩羅	Asura	21. 阿修羅王
27. 伊鉢羅	金	41. 伊鉢羅	Elapatra	5. 満善車王
28. 娑羯羅龍王	緑青黒	40. 娑伽羅龍	Sāgara	20. 沙羯羅王
29. 密迹金剛士	朱辰砂	1. 密跡金剛士	Vajrapāṇi	1. 密迹金剛
30. 雷神	朱辰砂	47. 水火雷電神		雷神

代の絵画だけで、すべての問題を解決することはできなかった。

そこで妙法院では、二十八部衆像の修理で判明した彩色の痕跡や細部の技法、慶長の修理で大仏師康正が残した銘、三十三間堂像を模刻した他作例の尊名、禅林寺本より古く鎌倉時代まで上げられる細見美術財団の千手観音二十八部衆像などを援用し、総合的に尊名を改訂することになった。

その詳細は表7にまとめたように、(旧)神母天→緊那羅、(旧)緊那羅王→乾闥婆、(旧)乾闥婆王→毘舎闍、(旧)満仙王→散支大将、(旧)毘楼勒叉天→満善車鉢、(旧)金大王→摩尼跋陀羅、(旧)東方天→毘楼勒叉天、(旧)五部浄居天→提頭頼吒天、(旧)摩醯首羅王→薩遮摩和

写真59：三十三間堂の五部浄居（旧金色孔雀王）（妙法院提供）

写真60：塩船観音寺二十八部衆の五部浄居天（塩船観音寺所蔵）

羅、（旧）金色孔雀王→五部浄居天、（旧）散脂大将→金色孔雀王、（旧）摩和羅女→神母女、（旧）満善車王→伊鉢羅と、十三尊にも及んでいる。なお（旧）金色孔雀王（写真59）は、頭上に象頭を現すのが不可解とされてきたが、塩船観音寺二十八部衆の五部浄居天（写真60）は、頭上に象頭のかぶり物を着けている。これは興福寺八部衆の五部浄（胴体欠失）に通じる表現で、（旧）金色孔雀王が五部浄であることを裏づけるものといえる。

これを伊東史朗説と比較すると、（旧）摩和羅女→神母女、（旧）満善車王→伊鉢羅、（旧）摩醯首羅王→薩遮摩和羅、（旧）乾闥婆王→毘舎闍、（旧）満仙王→散支大将、（旧）金色孔雀王→五部浄居天、（旧）散脂大将→金色孔雀王の七件は、伊東説を継承するが、密迹金剛→金剛と那羅延堅固→力士は、そのままとしている。これは、密跡（＝迹）金剛士の名が『千手経』勅偈に説かれること、那羅延堅固は勅偈の八部力士を承けるとともに、摩醯那羅延の那羅延を承けることを配慮したからと思われる。

いっぽう伊東氏が満善車鉢に比定した（旧）金大王（写真61）は摩尼跋陀羅、乾闥婆王に比定した（旧）神母天は緊那羅に改められた。（旧）神母天（写真62）は、女性なのに男性として表現され、頭上に馬頭を現し鐃鈸《にょうはち》（シンバルのような打楽器）を打つ図像も、神母天すなわち訶梨帝母《かりていも》にふさわしくないとされていた。伊東氏は禅林寺本との比較から乾闥婆王の可能性を指摘したが、今回は緊那羅に変更された。緊那羅は、善無畏の「胎蔵図像」では首から上が馬

写真 61：三十三間堂の摩尼跋陀羅（旧金大王）（妙法院提供）

写真 62：三十三間堂の緊那羅（旧神母天）（妙法院提供）

写真 63：三十三間堂の乾闥婆（旧緊那羅）（妙法院提供）

写真 64：三十三間堂の提頭頼吒天（旧五部浄居天）（妙法院提供）

として描かれており、頭上に馬頭を現す（旧）神母天は、緊那羅である可能性が高い。そこで（旧）緊那羅王（写真63）を、乾闥婆に改めた。なお禅林寺本では、（旧）緊那羅王に相当する護法神の尊名が判読できない。また緊那羅と乾闥婆は、ともに楽神とされるので、腰鼓を打つ（旧）緊那羅王を乾闥婆に変更しても、差し支えない。

さらに今回、注目すべきなのは四天王の尊名変更である。（旧）五部浄居天（写真64）は、腹前で両手を交叉させ剣を持つが、唐招提寺金堂や興福寺北円堂など、南都の四天王の持国天に、同じ手勢のものがある。また神将形像で、髻に毛筋彫を施しているのは本像と（旧）東方天のみで、とくに念入りに制作されている。そこで二十八部衆中、持国天に相当する提頭頼吒天に改められた。これまで持国天に対応していた（旧）東方天（写真65）は、模刻とされる滋賀県常楽寺像、清水寺本堂像などで毘楼勒叉天すなわち増長天とされていたので、毘楼勒叉天に改めた。そこでこれまでの（旧）毘楼勒叉天（写真66）を満善車鉢としたのである。ただし満善車鉢の比定については、確たる図像的典拠はない。

今回の再編により、『千手経』の勅偈や『金光明経』「鬼神品」に説かれない金大王、満仙王、勅偈を誤解したと思われる摩和羅女、満善車王が姿を消し、『千手経』所説の尊名が復活したことは喜ばしい。

つぎに二十八部衆の配置に目を転じると、私が七歳で両親に連れられて初めて三十三間堂を訪問した一九六二年には、二十八部衆は千手観音の周囲に配された四天王を除いて、すべて裏堂に横一列に安置されていた。その後、二十八部衆は千体千手観音を安置する本堂前面へと移動したが、全体の配置は一九三四年以来、変更されていなかった。

ところが今回、十三体の尊名変更に伴って、その配置も大幅に変更されることになった（次頁図）。とくに重要なのは本尊千手観音像の周囲に配されていた四天王に変わり、前面には婆藪仙と大弁功徳天、背後には梵天・帝釈天を配する四天仙式に、変更されたことである。

すでに述べたように、敦煌の千手観音変では、多くの作品で婆藪仙と功徳天、あるいは婆藪仙と大弁才天が脇侍として描かれていた。現図胎蔵界曼荼羅の千手観音も、左右に婆藪仙と功

写真 65：三十三間堂の毘楼勒叉天（旧東方天）（妙法院提供）

写真 66：三十三間堂の満善車鉢（旧毘楼勒叉天）（妙法院提供）

三十三間堂二十八部衆配置図（尊名は付表参照）

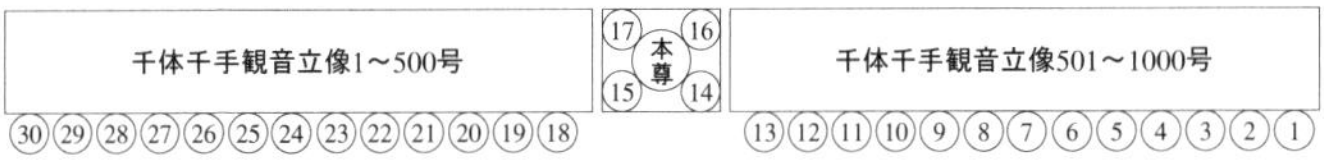

徳天を伴っている。また本書第４章で見たように、左右に梵天・帝釈天を伴う観音三尊も、多くの作例を遺している。

さらに敦煌画では、四天王は観音の周囲ではなく、左右に二体ずつ振り分けて描かれることが多い。今回の配置換えで、四天王は本尊の左右の、もっとも近い位置に横一列で配置されることになった（⑫⑬と⑱⑲）が、この方が敦煌画のような古作に忠実な配置と見ることができる。

このように今回の尊名変更と配置換えは、本書で紹介した二十八部衆のルーツから見て、現状では最善のものといえる。しかし、これまでも述べてきたように、二十八部衆については、いまだ未解明の問題も少なくない。今後新たな資料が発見されれば、尊名や配置について再検討が必要になるかもしれない。

また三十三間堂以外で二十八部衆を祀る寺院には、それぞれの事情があり、改訂された尊名が、すんなりと受け入れられるとは限らない。

私が仏教図像の研究を始めて五十年が経とうとしているが、我々の研究成果は、寺院や仏教教団の無理解や保守性に阻まれて、なかなか尊名変更や展示キャプションにまで反映されないのが実情である。

その中で、日本でも有数の格式を誇る妙法院門跡が、最新の研究成果を参照しつつ、二十八部衆像の編成替えに踏み切った英断は高く評価したい。また途中参加とはいえ、このプロジェクトの一端に参加させて頂いたことを、誇りに思っている。

大悲呪（千手千眼観世音菩薩広大円満無礙大悲心陀羅尼）

南無喝囉怛那哆囉夜哪[一]　namo ratnatrayāya
南無阿唎哪[二]　婆盧羯帝爍鉢囉哪[三]　nama āryāvalokiteśvarāya
菩提薩跢婆哪[四]　bodhisattvāya
摩訶薩跢婆哪[五]　mahāsattvāya
摩訶迦盧尼迦哪[六]　mahākāruṇikāya
唵[七]　oṃ
薩皤囉罰曳[八]　數怛那怛寫[九]　sarvabhayeṣu trāṇ [akarāya] tasya
南無悉吉利埵伊蒙　namas kṛtvā imaṃ
阿唎哪[十]婆盧吉帝室佛〔囉〕楞馱婆[十一]　āryāvalokiteśvaraṃ tava
南無那囉謹墀[十二]　namo nīlakaṇṭha
醯唎摩訶（＝阿）皤哆沙咩[十三]　hṛ [daya] m āvarta [yi] ṣyāmi
薩婆阿他豆輸朋[十四]　sarva artha [sādha] naṃ śubhaṃ
阿逝孕[十五]　ajeyaṃ

薩婆薩哆那摩婆伽十六　sarvasatvānām abhagam?
摩罰特豆十七　avidyottaṃ?
怛姪他十八　tadyathā
唵　阿婆盧醯十九　oṃ avalohi
盧迦帝二十　迦羅帝二十一　lokātikrānte
夷醯唎二十二　he hare
摩訶菩提薩埵二十三　mahābodhisattva
薩婆薩婆二十四　sarva sarva
摩羅摩羅二十五　mara mara
摩〔醯〕摩醯唎馱孕二十六　mama hṛdayaṃ
俱盧俱盧羯懞二十七　kuru kuru karmaṃ
度盧度盧罰闍耶帝二十八　dhulu dhulu vijayate
摩訶罰闍耶帝二十九　mahāvijayate
陀羅陀羅三十　dhara dhara
地利尼三十一　室佛囉耶三十二　dhāriṇīśvarāya
遮羅遮羅三十三　cala cala

摩摩罰摩囉三十四　mama vimala

穆帝囇三十五（穆囇帝の誤？）　mūrtte

伊醯移醯三十六　ehy ehi

室那室那三十七　cinda cinda

阿囉嘇佛囉舍利三十八　arasaṃ prāśaṇi

罰沙罰嘇三十九　viśa viśaṃ

佛囉舍耶四十　praṇāśaya

呼嚧呼嚧摩囉四十一　hulu hulu mara

呼嚧呼嚧醯利四十二　hulu hulu hrīḥ

沙囉沙囉四十三　sara sara

悉利悉利四十四　siri siri

蘇嚧蘇嚧四十五　suru suru

菩提夜菩提夜四十六　bodhiya bodhiya

菩馱夜菩馱夜四十七　bodhaya bodhaya

彌帝利夜四十八　maitriya

那囉謹墀四十九　nīlakaṇṭha

地唎瑟尼那五十　dharṣinina

波夜摩那五十一　bhayamana

娑婆訶五十二　svāhā

悉陀夜五十三　siddhāya

娑婆訶五十四　svāhā

摩訶悉陀夜五十五　mahāsiddhāya

娑婆訶五十六　svāhā

悉陀喩藝五十七室皤囉耶五十八　siddhayogeśvarāya

娑婆訶五十九　svāhā

那囉謹墀六十　nīlakaṇṭha

娑婆訶六十一　svāhā

摩囉那囉六十二　mara nara

娑婆訶六十三　svāhā

悉囉僧阿（＝何）穆佉耶六十四　sirasiṃhamukhāya

娑婆訶六十五　svāhā

娑婆摩訶阿悉陀夜六十六　svamahāsiddhāya

娑婆訶六十七　svāhā

者吉囉阿（＝何）悉陀夜六十八　cakrahastāya

娑婆訶六十九　svāhā

波陀摩羯悉哆夜七十　padmahastāya

娑婆訶七十一　svāhā

那囉謹墀皤伽囉耶七十二　nīlakaṇṭha-vyāghrāya

娑婆訶七十三　svāhā

摩［訶］婆利勝羯囉夜七十四　mahābaliśaṅkarāya

娑婆訶七十五　svāhā

南無喝囉怛那哆羅夜耶七十六　namo ratnatrayāya

南無阿唎耶七十七婆嚧吉帝七十八爍皤囉夜七十九　nama āryāvalokiteśvarāya

娑婆訶八十　svāhā

唵悉殿都曼哆囉鉢默（＝馱）耶八十一　oṃ sidhyantu mantrapadāya

娑婆訶八十二　svāhā

広本のサンスクリット原文を参照し、伽梵達摩の漢字音写から予想される原文を右に復元した。（　）は字形が似た文字に差し替えると意味が通る部分、［　］は欠落したと思われる文字を補った部分、｛　｝は不要な文字を取り去ると意味が通る部分である。現行の漢字音写の補正には、敦煌出土の写本（Stein No.231, 509）を参照した。

参考文献表（日本語の著書・論文のみ）

アモーガヴァジュラ・ヴァジュラーチャールヤ『ネパール百八観音紹介』百八観音木刻図像集刊行会、一九八二年
猪川和子『観音像』至文堂『日本の美術』No.166、一九八〇年
磯田熙文「『大悲心陀羅尼』について」臨済宗妙心寺派　大本山妙心寺『教化センター教学研究紀要』第五号、二〇〇七年
伊東史朗『八部衆・二十八部衆』至文堂『日本の美術』No.379、一九九七年
鎌田茂雄「香港の仏教儀礼─大悲懺法について─」『印度学仏教学研究』二二─一、一九七三年
辛嶋静志「法華経の文献学的研究（二）─観音 Avalokitasvara の語義解釈─」『創価大学国際仏教学高等研究所・年報』一九九九年
──「阿弥陀・観音・般若経─大乗仏教とガンダーラ─」宮治昭編『ガンダーラ美術の資料集成とその統合的研究』Vol.II、二〇一三年
北村太道『全訳　金剛頂大秘密瑜伽タントラ』起心書房、二〇一二年

斎藤明「観音（観自在）と梵天勧請」『東方学』一二二、二〇一一年
――「観音（観自在）と『観音経』」山喜房佛書林『伊藤瑞叡博士古稀記念論文集・法華文化と関係諸文化の研究』二〇一三年
斎藤愼一ほか『塩船観音寺二十八部衆像』大悲山観音寺、一九八八年
坂内龍雄『真言陀羅尼』平河出版社、一九八一年
佐久間留理子「パーラ朝における観自在菩薩の図像的特徴（2）」名古屋大学古川総合研究資料館報告No.8、一九九二年
――『観音菩薩――変幻自在な姿をとる救済者』春秋社、二〇一五年
佐久間留理子・宮治昭「パーラ朝における観自在菩薩の図像的特徴（3）」名古屋大学古川総合研究資料館報告No.9、一九九三年
J・F・ジャリージュ他『西域美術――ギメ美術館ペリオ・コレクション――』（I）講談社、一九九四年
副島弘道『十一面観音像・千手観音像』至文堂『日本の美術』No.311、一九九二年
田中公明『詳解河口慧海コレクション――チベット・ネパール仏教美術――』佼成出版社、一九九〇年
――「インドにおける変化観音の成立と展開――いわゆる四臂観音の解釈を中心にして――」『美

術史』一三三、一九九三年
――『チベットの仏たち』方丈堂出版、二〇〇九年
――「『パンタンマ目録』と敦煌密教」『東方』第二六号、二〇一〇年
――「観音の語源再考―羅什以前の漢訳に現れる尊名を中心に―」『印度学仏教学研究』六二―二、二〇一四年
――『仏教図像学』春秋社、二〇一五年
――「胎蔵曼荼羅―現図曼荼羅・『秘蔵記』・『摂無礙経』・三輪身説の成立問題について―」『空海とインド中期密教』春秋社、二〇一六年
二階堂善弘「二十四諸天と二十八部衆」関西大学『東アジア文化交渉研究』六、二〇一三年
濱田瑞美「敦煌唐宋時代の千手千眼観音変の眷属衆について」『奈良美術研究』九、早稲田大学奈良美術研究所、二〇一〇年
――「千手観音眷属の功徳天と婆藪仙をめぐって」『密教図像』第二九号、二〇一〇年
彦坂周「南印ポディヤ山、観音信仰発祥の聖地」『印度学仏教学研究』三八―一、一九八九年
仏教美術研究上野記念財団『変化観音の成立と展開』仏教美術研究上野記念財団、一九七九年
文化庁監修『重要文化財4』(彫刻Ⅳ)毎日新聞社、一九七四年
堀内寛仁『初会金剛頂経の研究　梵本校訂篇(下)』密教文化研究所、一九七四年

松村恒「ギルギット所伝の密教図像文献」『密教図像』第二号、一九八三年
松本栄一『燉煌画の研究』東方文化学院東京研究所、一九三七年
宮治昭ほか『観音菩薩像の成立と展開―変化観音を中心にインドから日本まで―』（シルクロード学研究 Vol.11）シルクロード学研究センター、二〇〇一年
森一司ほか『ラダック・ザンスカールの仏教壁画―西チベット残照―』渡辺出版、二〇一一年
山岸公基「盛唐の千手観音彫像と葛井寺千手観音像」『佛教藝術』二六二、二〇〇二年
山田明爾「千手観音二十八部衆の系譜―諸天鬼神の系譜研究の一環として―」『龍谷大学論集』三九九、一九七二年
羅翠恂「水陸会における千手観音の役割に関する一考察」Waseda Rilas Journal No.1、二〇一三年
羅翠恂・徳泉さち「大英図書館所蔵の千手千眼観世音菩薩関連敦煌文書」『早稲田大学會津八一記念博物館紀要』第一八号、二〇一七年
――「フランス国立図書館所蔵の千手千眼観世音菩薩関連敦煌文書」『早稲田大学會津八一記念博物館紀要』第一九号、二〇一八年

あとがき

著者が、本書の根幹をなす「観音の面臂増広の法則」を、はじめて学界に紹介した「インドにおける変化観音の成立と展開―いわゆる四臂観音の解釈を中心にして―」（『美術史』一九九三年）を発表して以来、二十五年が経とうとしている。

発表当初は、インド美術を専攻する研究者から、厳しい批判を頂戴することもあったが、「観音の面臂増広の法則」は、少なくとも七世紀以降の東インドとオリッサの仏教美術と、それを忠実に継承したチベット・ネパールの仏教図像には、よく当てはまることが経験的に知られている。ところがこの法則は、中国・日本の変化観音、とくに千手観音には当てはまらないという問題があった。この問題について、その後発見・同定された作品・資料を含めて、総合的に考察したのが、本書前半の「導入編」と「千手観音編」である。

いっぽう「大悲呪編」は、曹洞宗双璧寺住職だった坂内龍雄師から「大悲呪」のサンスクリット原文について問い合わせを受け、敦煌出土のチベット語写本の音写字を調べた経験がベースになっている。さらに前著『仏教図像学』（春秋社）で、京都三十三間堂の千手観音二十八部衆像を取り上げたことが機縁となり、妙法院門跡の二十八部衆像再編（平成三十年）をお手伝いすることになった。本書「二十八部衆編」は、その過程で発見した新資料を参照しつつ、従来の研究を再検討したものである。

本書「導入編」でも紹介したように、近年、日本では仏像をはじめとする仏教美術がブームを迎え、国宝級の作品を展示した展覧会は、大入り満員の盛況を呈している。

しかし書店の店頭や図書館の開架書棚には、タレントや出版社の編集グループが執筆した仏教美術書が並べられ、学術図書は絶版になったり、図書館でも書庫の片隅に追いやられていることが多い。さらに日本で国宝級の文化財を図版に使用すると、多額の掲載料がかかるが、私たち研究者が書く啓蒙書は部数が限られており、国宝の図版を大量に使用することは、採算の上からもできなかった。

ところが今回、二十八部衆の再編をお手伝いしたことから、妙法院門跡から千体千手観音と二十八部衆像の写真を格別の条件で提供して頂き、東京国立博物館の客員をお引き受けした関係で、葛井寺と総本山仁和寺からも貴重な写真の提供を受けることができた。

そこで長年の研究成果を世に問う絶好の好機とばかり、わずか半年ほどで一気に書き上げたのが、本書である。限られた予算で、何とか必要な図版を揃えられたのは、これまで四十年に亘る研究生活で築き上げてきた人脈と、著者の研究に意義を認めてくださった理解者があったればこそであり、研究者にとって、人間関係がいかに大切であるかを、改めて痛感させられた。
なお千手観音の持物や二十八部衆の尊名は、文献によって異なった名称や表記が用いられている。長年用いられてきた表記を無理に統一することはできなかったが、紛らわしいものについては索引に注記したので、参照されたい。

近年、インターネット等の新しいメディアの台頭により、出版界とくに学術啓蒙書を巡る情勢は厳しさを増している。その中で本書の刊行を引き受けられた春秋社の神田明会長、澤畑吉和社長、編集部の佐藤清靖氏、豊嶋悠吾氏には、心からお礼を申し上げたい。

また妙法院門跡（三十三間堂）をはじめ、真言宗御室派総本山仁和寺、茂市久美子先生（故藤田弘基氏夫人）、ハンビッツ文化財団（大韓民国ソウル特別市）、R. Linrothe 教授（米国ノースウェスタン大学）、ケンブリッジ大学図書館、故森一司先生（版権管理者＝（有）渡辺出版）、西国五番札所剛琳寺（葛井寺）、大英博物館、フランス国立博物館連合（Reunion des musées nationaux）、利賀ふるさと財団「瞑想の郷」（富山県南砺市）、王敏慶氏、塩船観音寺（東京都青梅市）［図版出現順］からは、貴重な写真の提供を受けた。また本書「参考文献」で言及した以外にも、多数の研究者の著書、論文を参照させて頂いた。末筆となってはなはだ恐縮であるが、記して感謝の意を表させて頂きたい。

二〇一九（平成三十一）年一月十九日

索　引

ア

イ

ウ

エ

オ

カ

キ

ク

ス

セ

ソ

タ

チ

テ

ト

ナ

ニ

ハ

【著者紹介】
田中公明（たなか きみあき）
1955年、福岡県生まれ。1979年、東京大学文学部卒。同大学大学院、文学部助手（文化交流）を経て、（財）東方研究会専任研究員。2014年、公益財団化にともない（公財）中村元東方研究所専任研究員となる。2008年、文学博士（東京大学）。ネパール（1988-1989）、英国オックスフォード大学留学（1993）各1回。現在、東方学院講師、慶應義塾大学講師、東洋大学大学院講師［いずれも非常勤］、富山県南砺市利賀村「瞑想の郷」主任学芸員、チベット文化研究会副会長。密教や曼荼羅、インド・チベット・ネパール仏教に関する著書・訳書（共著を含む）は本書で55冊となり、論文は約140編。詳しくは、下記の個人ホームページを参照。http://kimiakitanak.starfree.jp/

千手観音と二十八部衆の謎

2019年2月20日　第1刷発行

著　　者　田中公明
発 行 者　神田　明
発 行 所　株式会社 春秋社
〒101-0021　東京都千代田区外神田2-18-6
電話　03-3255-9611（営業）
03-3255-9614（編集）
振替　00180-6-24861
http://www.shunjusha.co.jp/
装 幀 者　鈴木伸弘
印刷・製本　萩原印刷株式会社

ISBN978-4-393-13428-3　　定価はカバー等に表示してあります

高橋尚夫・野口圭也・大塚伸夫 編

空海とインド中期密教

『大日経』『金剛頂経』『理趣経』等、インド中期密教を代表する経典の思想・実践・曼荼羅の特徴を挙げ、真言宗の祖・空海がそれをどのように受容し、かつ展開したかを探る。

２８００円

高橋尚夫・木村秀明・野口圭也・大塚伸夫 編

初期密教　思想・信仰・文化

わが国では「雑密」と呼ばれてきた初期密教を、「主要経典」「陀羅尼・真言」「図像・美術」「修法・信仰」の四つの面から、碩学と新進気鋭の研究者22人が総合的に解説する。

４２００円

田中公明

両界曼荼羅の仏たち

胎蔵・金剛界の両界曼荼羅に描かれる一々の尊格に焦点を当て、その成立に至る歴史的経緯・象徴するもの・図像表現を、図表や写真を豊富に用いて明快に紹介。図版95点。

２８００円

田中公明

図説　チベット密教〈新版〉

一九九三年の刊行以来、好評を博してきた『チベット密教』を最新の研究成果を盛り込んで増補改訂。図版類も大幅に増やして、レイアウトを一新し、ビジュアル面の充実をはかる。

３２００円

田中公明

仏教図像学　インドに仏教美術の起源を探る

仏像や仏画に込められた象徴的意味を読みとる「仏教図像学」の本邦初の入門書。ガンダーラ仏から菩薩、天部、忿怒尊、曼荼羅まで仏教美術を総合的に解説。図版１７０点。

２６００円

※価格は税別